职业教育城市轨道交通专业 工作手册式 系列教材

城市轨道交通机电设备运行与维护

URBAN RAIL TRANSIT

◎ 杨 桐 主编

- 活页式
- 工作手册式
- 互联网+
- 理实一体

机械工业出版社
CHINA MACHINE PRESS

职业教育城市轨道交通专业工作手册式系列教材

城市轨道交通机电设备运行与维护

主　编　杨　桐
副主编　杜彩霞　田陈世麒
参　编　朱俊杰　杨　佳　邢　新　王　松
主　审　王　瑞

机械工业出版社

本书是通过对城市轨道交通机电技术相关岗位的调研，根据企业对专业人才的实际需求编写而成的一体化教程，以工作过程为导向，以典型工作任务为引领，结合现代职业教育特点，便于学生自主学习。

本书通过与行业、企业专家一起分析城市轨道交通机电设备检修工作过程，梳理和归纳出学习工作任务，以典型性工作任务为学习单元，以典型的工作过程为内容，以实际工作环境为场景，精心编写了5个项目共16个学习任务。主要包括电工基础技能训练、电梯运行管理与维护、站台门运行与维护、自动售检票系统（AFC）运行与维护和通风空调系统运行与维护。本书注意加强学生实践操作能力的培养，通过具体事件使学生懂得如何运行和维护设备，而不只是简单掌握理论知识。

另外，本书还配有电子课件、二维码视频、习题答案等资源，选用本书作为授课教材的教师可拨打电话010-88379201或加QQ1006310850咨询索取。

图书在版编目（CIP）数据

城市轨道交通机电设备运行与维护/杨桐主编. —北京：机械工业出版社，2022.8（2025.1重印）

职业教育城市轨道交通专业工作手册式系列教材

ISBN 978-7-111-71243-5

Ⅰ.①城… Ⅱ.①杨… Ⅲ.①城市铁路-轨道交通-机电设备-运行-职业教育-教材②城市铁路-轨道交通-机电设备-设备检修-职业教育-教材 Ⅳ.①U239.5

中国版本图书馆CIP数据核字（2022）第128022号

机械工业出版社（北京市百万庄大街22号 邮政编码100037）

策划编辑：于志伟　　责任编辑：谢熠萌

责任校对：薄萌钰　张　薇　封面设计：张　静

责任印制：郜　敏

中煤（北京）印务有限公司印刷

2025年1月第1版第2次印刷

210mm×285mm · 11.75印张 · 276千字

标准书号：ISBN 978-7-111-71243-5

定价：52.00元

电话服务

客服电话：010-88361066

010-88379833

010-68326294

网络服务

机　工　官　网：www.cmpbook.com

机　工　官　博：weibo.com/cmp1952

金　　书　　网：www.golden-book.com

机工教育服务网：www.cmpedu.com

前言

PREFACE

城市轨道交通机电设备种类繁多、结构复杂、高新技术应用日益广泛，为了保证整个城市轨道交通运营线路的正常运作以及给乘客提供一个安全、舒适、便利的乘车环境，城市轨道交通各个系统必须良好地协同工作。本书在课程内容的编排和组织上主要是以企业需求、学生的认知规律和平时的教学积累为依据来确定的。本书立足于实际能力培养，打破以知识传授为主要特征的传统学科课程模式，以工作任务为中心组织课程内容，并让学生在完成具体项目的过程中学会相应的工作任务，并构建相关理论知识体系，发展职业能力。

每个项目的学习都以城市轨道交通车站机电设备系统的工作情境为学习载体，以工作任务为中心整合相关理论和实践，实现做学一体化，并通过现场教学、案例教学、项目教学、情景模拟等多种形式组织教学，采取工学结合、校企合作等培养模式，给学生提供丰富的实践机会，为学生进一步学习专业课程打好基础。

本书学时分配建议如下：

项　目	任务名称	任务学时	项目学时
项目一　电工基础技能训练	任务一　常用电工仪表的使用	6	20
	任务二　常见电工电子故障的查找及处理	8	
	任务三　安全用电	6	
项目二　电梯运行管理与维护	任务一　自动扶梯事故应急处理	6	28
	任务二　垂直电梯困人事故应急处理	6	
	任务三　自动扶梯维护检修	8	
	任务四　垂直电梯维护检修	8	
项目三　站台门运行与维护	任务一　站台门系统认知	10	24
	任务二　站台门系统维护	8	
	任务三　站台门系统常见故障处理	6	

（续）

项　目	任务名称	任务学时	项目学时
项目四　自动售检票系统（AFC）运行与维护	任务一　自动售票机（TVM）的维护与故障处理	8	24
	任务二　自动检票机（AGM）的维护与故障处理	8	
	任务三　半自动售票机（BOM）的维护与故障处理	8	
项目五　通风空调系统运行与维护	任务一　通风空调系统认知	6	24
	任务二　通风空调系统设备维护管理	10	
	任务三　通风空调系统常见故障处理	8	

参加本书编写的人员包括企业专家和具有丰富教学经验的教师。在编写过程中，本书注意“以学生为主体，以职业需求为导向”，编写风格采用“一体化教学方法”，具体框架为：任务描述—学习目标—知识准备—信息收集—制订计划—实施计划—检查与控制—评价反馈—知识巩固。

本书由杨桐担任主编，杜彩霞、青岛地铁集团有限公司田陈世麒担任副主编，参加编写的还有朱俊杰、杨佳、邢新、王松。本书由青岛地铁集团有限公司王瑞担任主审。

由于编者水平和经验有限，书中难免有错误和不妥之处，敬请广大读者批评指正。

编　者

二维码清单

名称	二维码	名称	二维码
万用表查找电器故障		万能表的使用	
自动扶梯		电梯	
站台门维护		自动售检票系统	
触电急救			

目录
CONTENTS

前言
二维码清单

项目一　电工基础技能训练 …… 1

任务一　常用电工仪表的使用 …… 2
任务二　常见电工电子故障的查找及处理 …… 14
任务三　安全用电 …… 25

项目二　电梯运行管理与维护 …… 39

任务一　自动扶梯事故应急处理 …… 40
任务二　垂直电梯困人事故应急处理 …… 47
任务三　自动扶梯维护检修 …… 54
任务四　垂直电梯维护检修 …… 62

项目三　站台门运行与维护 …… 73

任务一　站台门系统认知 …… 74
任务二　站台门系统维护 …… 86
任务三　站台门系统常见故障处理 …… 96

项目四　自动售检票系统（AFC）运行与维护 …… 103

任务一　自动售票机（TVM）的维护与故障处理 …… 104
任务二　自动检票机（AGM）的维护与故障处理 …… 117
任务三　半自动售票机（BOM）的维护与故障处理 …… 127

项目五　通风空调系统运行与维护 …… 137

任务一　通风空调系统认知 …… 138
任务二　通风空调系统设备维护管理 …… 155
任务三　通风空调系统常见故障处理 …… 169

参考文献 …… 182

项目一 电工基础技能训练

01

车站机电设备检修工需要经常与“电”打交道，因此必须要学会使用常用的电工仪表，熟悉各种安全用电的常识及操作规范，确保操作安全，工作高效。本项目以技能学习为主，有利于学生在操作过程中加深对电工基础知识的理解，为将来成为一名合格的车站机电设备检修工打下基础。

本项目的学习任务如下：

任务一　常用电工仪表的使用
任务二　常见电工电子故障的查找及处理
任务三　安全用电

课堂笔记

任务一 常用电工仪表的使用

【任务描述】

周一早上7点，某地铁公司检修工班组长小李接到报修电话，某车站三号扶梯突然停止运行。面对即将到来的上班高峰，为了不影响正常客流输送，急需快速查找故障原因，排除故障。

【学习目标】

目标名称	目标内容
知识目标	能口述万用表、绝缘电阻表、钳形电流表的用途
	能口述万用表、绝缘电阻表、钳形电流表的操作步骤和要领
技能目标	能正确使用万用表测量电阻、电压、电流等电气参数
	能正确使用绝缘电阻表，判断电动机三相绕组的绝缘性
	能正确使用钳形电流表测量交流电流值

【知识准备】

一、电工仪表的基本知识

电工测量是电工实验与实训中不可缺少的一个重要组成部分，它的主要任务是借助各种电工仪器仪表，对电气设备或电路的各种物理量进行测量，以便了解和掌握电气设备的特性和运行情况，检查电气元器件的质量情况。电工仪表的种类繁多，万用表、绝缘电阻表和钳形电流表等电工仪表，是机电设备检修工日常工作中经常使用的测量工具。本任务重点学习这几种常用电工仪表的使用，以便学生掌握电流、电压和电阻等电气参数的测量方法。

二、学会使用万用表

1. 万用表的种类

万用表（又称多用表）是能测量多种电气参数、有多种量程的携带式电工仪表，它是电工维修中最基本、最常用的检测仪表。万用表按其结构不同分为模拟式（指针式）和数字式两大类。模拟式万用表结构简单，读数方便，能直观反映被测量的连续变化过程和变化的趋势，如图1-1a所示。数字式万用表具有较高的准确度和分辨力，对测量对象的影响较小，且功能齐全，测量参数种类多，如图1-1b所示。

a) 模拟式万用表

b) 数字式万用表

图 1-1　常用万用表

数字式万用表具有精确度高、显示直观清晰、读数迅速准确、测试功能齐全、便于携带、价格适中等特点，所以数字式万用表已逐步取代传统指针式万用表，成为专业技术人员的常用测量工具。图 1-2 所示为数字式万用表的外形和面板结构。

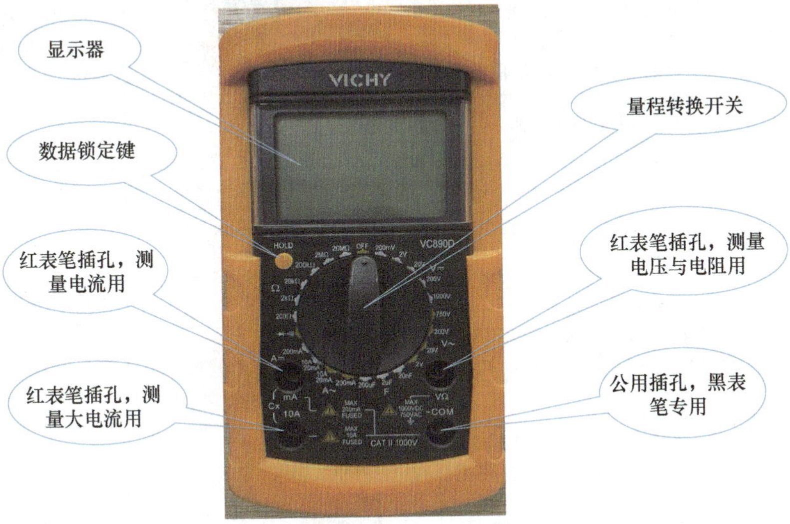

图 1-2　数字式万用表的外形和面板结构

2. 使用前的检查及注意事项

1）将量程转换开关置于 OFF 档，则万用表关闭。量程转换开关置于其他任意位置，显示器应有数字或符号显示。若显示器出现低电压符号，应立即更换内置的 9V 电池。

2）测量前量程转换开关应置于所需量程。测量交直流电压、交直流电流时，若不知被测数值的高低，可将量程转换开关置于最大量程档，在测量中按需要逐步下调量程。量程转换时，一定要将表笔和电路脱离。

3）显示器只显示“1”，表示量程选择偏小，量程转换开关应置于更高量程。

4）在高压电路上测量电流电压时，应注意人身安全。当量程转换开关置于“Ω”“⊣▷⊢”范围时，不得引入电压。

5）表笔插孔旁的 ⚠ 符号，表示测量时输入电流、电压不得超过量程规定值，否则将损坏内部测量电路。

课堂笔记

3. 基本使用方法

万用表在电工维修中主要用于检测电阻、交流电压、直流电压与电流。下面以VC890D数字式万用表为例介绍数字式万用表的操作，见表1-1。

表1-1 数字式万用表的操作

测量对象	操作步骤	图示	注意事项
测电阻	① 将黑表笔插入COM插孔，红表笔插入V/Ω插孔 ② 将量程转换开关置于“Ω”范围的合适量程 ③ 仪表与被测电阻并联	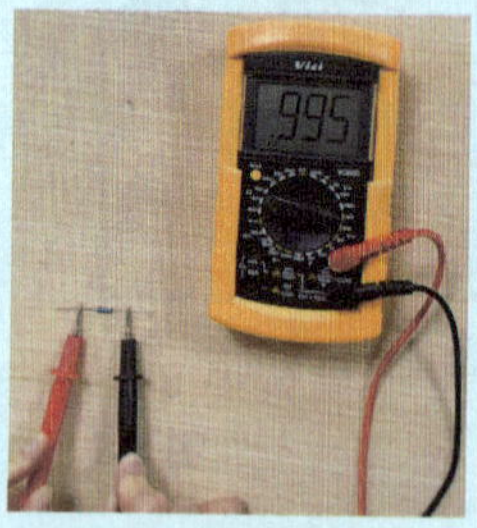	① 所测电阻的值直接按所选量程及单位读数 ② 测量阻值大于1MΩ的电阻时，要几秒后方能稳定，属正常现象 ③ 表笔断路状态显示为“1” ④ 测量接在电路中的电阻时，需断开电阻的一端或断开与被测电阻相并联的所有电路，还必须断开电源
测直流电压	① 将黑表笔插入COM插孔，红表笔插入V/Ω插孔 ② 将量程转换开关置于“V ⎓”选择合适的量程 ③ 表笔与被测电路并联，红表笔接被测电路高电位端，黑表笔接被测电路低电位端		该仪表不得用于测量高于1000V的直流电压
测交流电压	① 表笔插法同“测直流电压” ② 将量程转换开关置于“V~”范围的合适量程 ③ 测量时表笔与被测电路并联且红、黑表笔不分极性		该仪表不得用于测量高于750V的交流电压
测直流电流	① 将黑表笔插入COM插孔，测量最大值不超过200mA电流时，红表笔插入“mA”插孔；测200mA～10A范围电流时，红表笔应插入“10A”插孔 ② 将量程转换开关置于“A”范围的合适量程 ③ 将该仪表串入被测电路且红表笔接高电位端，黑表笔接低电位端	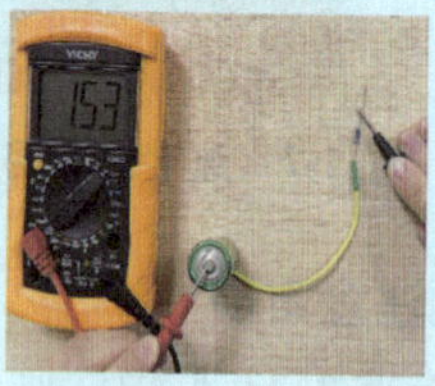	如果量程选择不对，过量程电流会烧坏熔丝，若熔丝烧坏应及时更换
检查电路通断	① 表笔插法同“测电阻” ② 把量程转换开关置于“通路蜂鸣”档位处 ③ 当表笔接触被测电路时，若其阻值小于20Ω，就会发出蜂鸣声，表示电路处于通路状态，反之则表示电路不通或接触不良	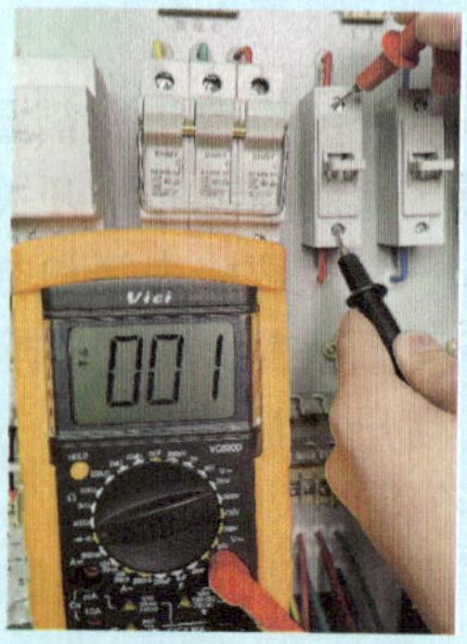	表笔接触被测电路前，需要先短接红、黑表笔，进行校验，确保能发出蜂鸣声之后才能进行电路通断的检查

（续）

测量对象	操作步骤	图示	注意事项
测二极管	① 表笔插法同“测电阻” ② 把量程转换开关置于“⊣▷⊢”档位处 ③ 红表笔接二极管正极，黑表笔接二极管负极，则显示的数字为二极管的正向电压降 ④ 若红表笔接二极管负极，黑表笔接二极管正极，显示数字为“1”，表示二极管正常；若显示数字为“0”或其他，则表示二极管已损坏	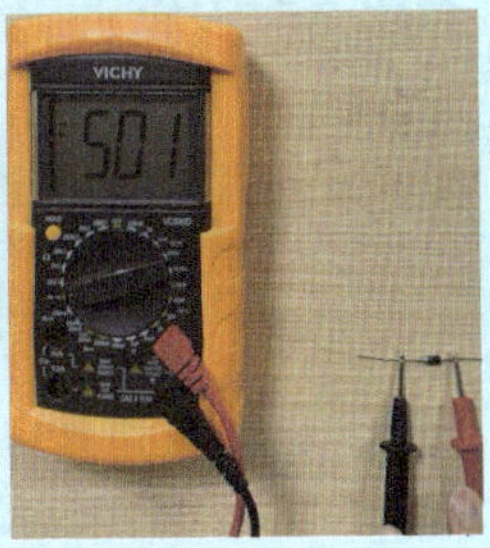	

三、学会使用钳形电流表

如果用万用表测量电流，需要将电路断开，这样很不方便，因此可以用一种不断开电路又能够测量电流的仪表，这就是钳形电流表。钳形电流表是根据电流互感器的原理制成的，外形像钳子一样。图 1-3 所示为 VC3266L+型数字式多功能钳形电流表，它除可测量交流大电流外，还可测量交流电压与电阻。

测交流电流时，只要将量程转换开关拨至交流电流的某一量程档，将通电导体置于钳口中，显示屏即可显示被测电流值。图 1-4 所示为钳形电流表测单线交流电流。

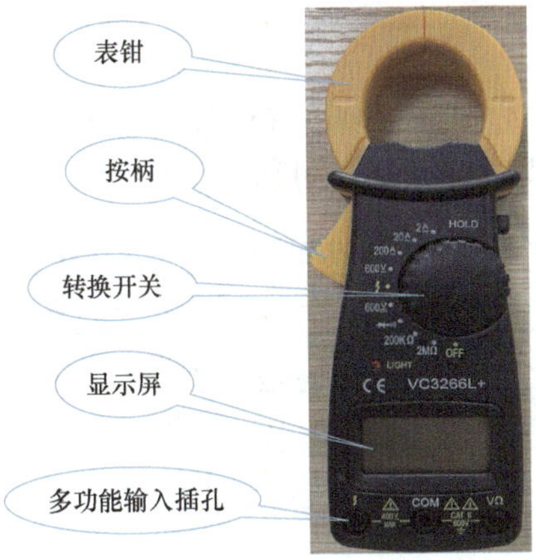

图 1-3　VC3266L+型数字式多功能钳形电流表

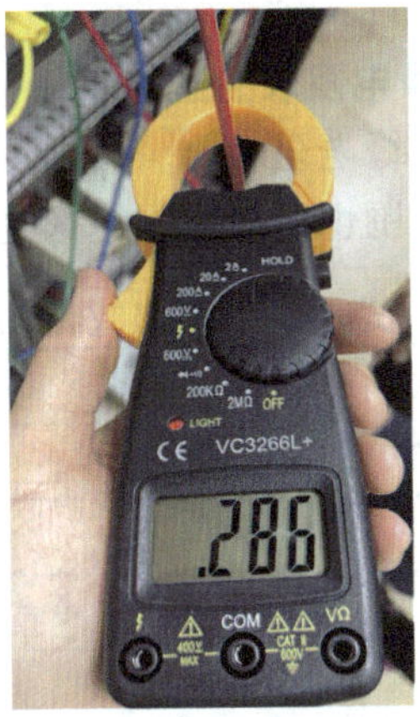

图 1-4　钳形电流表测单线交流电流

使用钳形电流表的注意事项：

1）进行电流测量时，被测载流导线的位置应放在钳口中央，以免产生误差。

2）测量前应先估计被测电流大小，选择合适的量程，或先选用较大量程测量，然后再视被测电流大小，选择合适的量程。

3）测量单相线的电流时，只能钳入一根线，而不能将两根线钳入，否则电流为 0；如果测量三相电流时，钳入 2 根相线，则电流会扩大 2 倍。

4）被测电路的电流小于 5A 时，为了方便读数，可以将导线在钳口多绕几圈，然后再闭合钳口测量读数。实际电流值，应该是用读数除以绕在钳口上的导线圈数。

5）严禁测量无绝缘的裸线的电流，否则会造成触电事故。

四、学会使用绝缘电阻表

绝缘电阻表又称摇表、迈格表、高阻计或绝缘电阻测定仪等，它是检测电气设

课堂笔记

课堂笔记

备、供电电路绝缘电阻的一种可携式仪表。其上面的标尺刻度以“MΩ”为单位，可较准确地测出绝缘电阻值。绝缘电阻表的外形多样，下面以 ZC25-3 型绝缘电阻表为例介绍其主要结构，如图 1-5 所示。

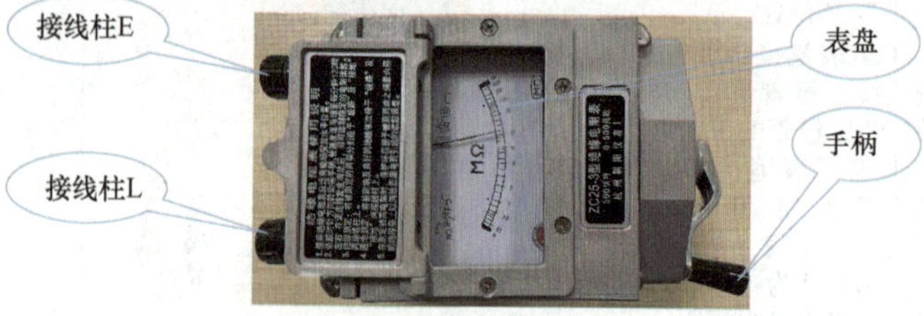

a) 俯视图

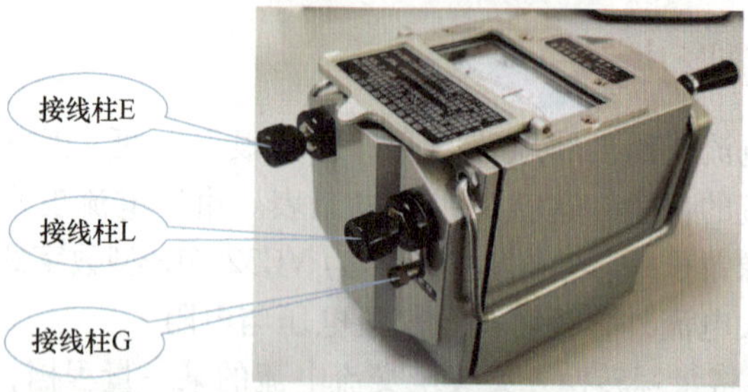

b) 轴测图

图 1-5　ZC25-3 型绝缘电阻表的外形结构

1. 绝缘电阻表的选用

选择绝缘电阻表时，其额定电压一定要与被测电气设备或电路的工作电压相适应，测量范围也要与被测绝缘电阻的范围相吻合。选用时可参考表 1-2。

表 1-2　与设备或者电路的工作电压相适应的绝缘电阻表的电压等级

设备或电路的工作电压	绝缘电阻表的电压等级
100V 以下	250V
100~500V	500V
500~3000V	1000V
3000~10000V	2500V
10000V 以上	2500V 或 5000V

2. 绝缘电阻表的使用

1）按被测对象的额定电压选定相应电压等级的绝缘电阻表。注意：表要放置在水平位置；被测对象的电源必须全部切断；对通电后含电容的设备应先短路放电（如电缆）。

2）测量前对表进行断路检验，如图 1-6 所示。

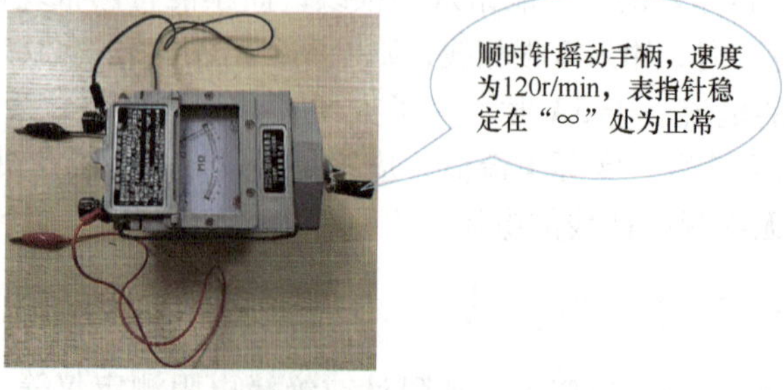

图 1-6　断路检验

3）测量前对表进行短路检验，如图 1-7 所示。

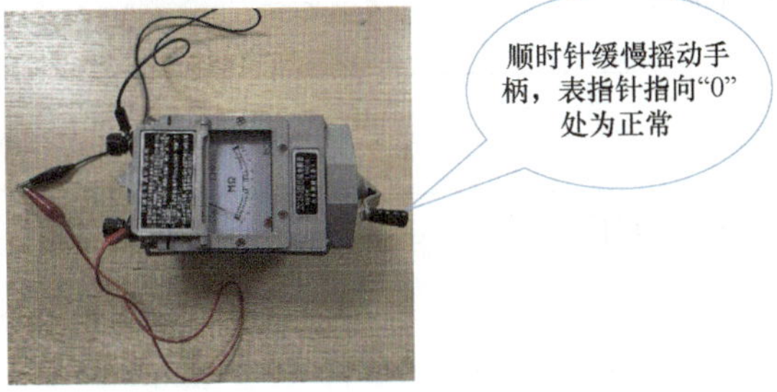

图 1-7 短路检验

4）使用方法及注意事项见表 1-3。

表 1-3 绝缘电阻表的使用方法及注意事项

项目	接线方法	接线图	使用方法	注意事项
测电路或设备的相间绝缘	将 E 和 L 各接一相	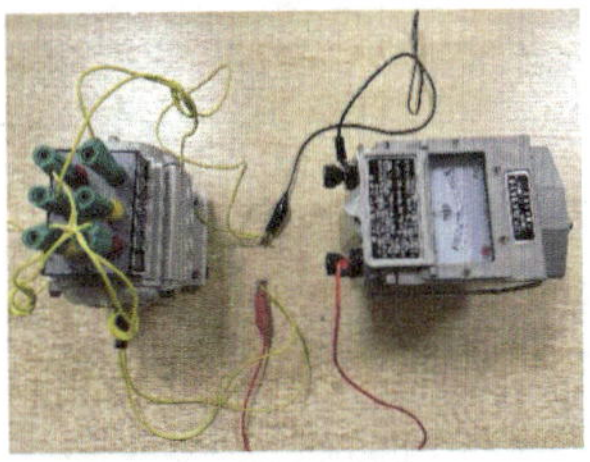	接好线后，按顺时针方向摇动手柄，速度由慢到快，并稳定在 120r/min，允许有 ± 20% 的变化，最多不应超过 25%。通常要摇动 1min 后，待指针稳定下来后再读数 被测电路中有电容时，先持续摇动一段时间，让绝缘电阻表对电容充电，指针稳定后再读数。若测量中发现指针指零，应立即停止摇动手柄	绝缘电阻表测量用的接线要选用绝缘良好的单股导线，测量时两条线不能绞在一起，以免导线间的绝缘电阻影响测量结果 测量完毕后，在绝缘电阻表没有停止转动或被测设备没有放电之前，不可用手触及被测部位，也不可去拆除连接导线，以免引起触电
测电路或设备的对地绝缘	将 E 接良好的接地线或设备外壳，L 接被测点	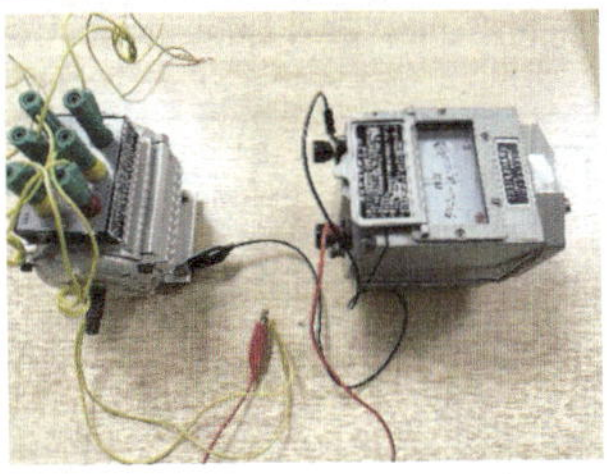		
测电缆相对地绝缘电阻	将 E 接电缆外壳，L 接被测芯线，G 接电缆壳与芯之间的绝缘层	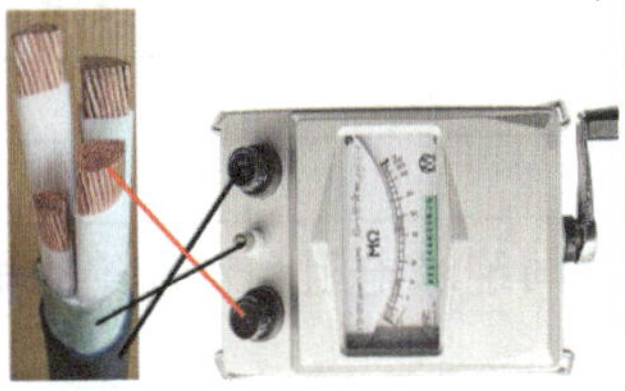		

【信息收集】

一、万用表可以测量哪些物理量？

二、钳形电流表常用来测量什么物理量？

三、绝缘电阻表是用来测量什么的仪表？

课堂笔记

四、学会使用常用电工仪表，请按要求完成以下信息收集。

1. 简述如何测量电阻。

2. 简述如何测量直流电压。

3. 简述如何测量交流电压。

4. 简述如何测量直流电流。

5. 简述如何检测电路的通断。

6. 简述如何检测二极管的好坏。

7. 简述如何测量交流电流。

8. 简述如何测量电动机绕组相间绝缘电阻和对地绝缘电阻。

【制订计划】

请根据描述的现象和任务要求，确定所需的工具和物品，并对小组成员进行合理分工，制订详细的操作计划。

1. 请在下表中选择在操作中可能用到的工具和物品（在对应的选项中打√即可）。

工具和物品名称	选择	
万用表	□可能	□不可能
钳形电流表	□可能	□不可能

（续）

工具和物品名称	选择	
绝缘电阻表	□可能	□不可能
三相交流异步电动机	□可能	□不可能
电阻	□可能	□不可能
二极管	□可能	□不可能
干电池	□可能	□不可能
三相电源	□可能	□不可能
剥线钳	□可能	□不可能
压线钳	□可能	□不可能
绝缘胶布	□可能	□不可能
导线	□可能	□不可能
一字螺钉旋具	□可能	□不可能
十字螺钉旋具	□可能	□不可能

2. 小组成员分工：

序号	组长	观察员	操作员	备注

3. 操作计划：

1）电阻测量步骤：____

2）直流电压测量步骤：____

3）交流电压测量步骤：____

4）直流电流测量步骤：____

5）交流电流测量步骤：____

6）绝缘电阻测量步骤：____

课堂笔记

课堂笔记

7）电路的通断测量步骤：

8）二极管好坏检测步骤：

【实施计划】

请结合本小组制订的作业计划，测量相关电气参数，完成以下内容的填写。

一、测电阻

1. 选用仪表和材料：

2. 记录测量结果：

单个电阻	R_1	R_2	R_3	R_4
标准值				
仪表量程				
读数值				

二、测直流电压

1. 选用仪表和材料：

2. 根据所选材料连接简单直流电路，绘制电路图，并在图上标注待测电压点。

3. 记录测量结果：

电压测量	U_1	U_2	U_3
仪表量程			
读数值			

三、测交流电压

1. 选用仪表和材料：

2. 绘制三相四线制电源，并在图上标注线电压和相电压。

3. 记录测量结果：

电压测量	U_{UV}	U_{VW}	U_{WU}	U_{UN}	U_{VN}	U_{WN}
标准值						
量程						
读数值						

四、测直流电流

1. 选用仪表和材料：______________________________

____

2. 根据所选材料连接简单直流电路，绘制电路图，并在图上标注待测电流点。

3. 记录测量结果：

电流测量	I_1	I_2	I_3
仪表量程			
读数值			

五、测交流电流

1. 选用仪表和材料：______________________________

____

2. 根据所选材料连接并运行三相交流异步电动机，测量每相绕组的电流值，记录测量结果。

电流测量	I_U	I_V	I_W
仪表量程			
读数值			

六、测绝缘电阻

1. 选用仪表和材料：______________________________

____

2. 根据所选材料测量电动机绕组相间绝缘电阻和对地绝缘电阻，记录测量结果。

绝缘电阻测量	R_{UV}	R_{VW}	R_{WU}	R_{UN}	R_{VN}	R_{WN}
读数值						
绝缘性能好坏						

七、测电路的通断

1. 选用仪表和材料：______________________________

____

2. 根据所选材料检测元器件的导通性，记录测量结果：

1）检测______________，结果判定为______________（导通，断开）。

2）检测______________，结果判定为______________（导通，断开）。

3）检测______________，结果判定为______________（导通，断开）。

课堂笔记

课堂笔记

八、测二极管的好坏

1. 选用仪表和材料：____________________

2. 根据所选材料检测二极管的好坏，记录测量结果：

1）检测__________，结果判定为__________（正常，损坏）。

2）检测__________，结果判定为__________（正常，损坏）。

3）检测__________，结果判定为__________（正常，损坏）。

【检查与控制】

观察员根据操作员的工作过程评分，具体评分细则见表 1-4。

表 1-4 常用电工仪表的使用考核评分表

操作时间：40min

序号	考核项目	考核内容及要求（评分要点）	配分	评分标准	扣分
1	测量前准备	正确选用测量仪表 正确选用电器元件 根据测量要求连接电路	25	测量仪表选用错误，每次扣 5 分 电器元件选用错误，每次扣 5 分 电路连接错误，每次扣 5 分	
2	仪表检查	万用表检查 钳形电流表检查 绝缘电阻表检查	15	表笔插错，每次扣 2 分 测通断没校验表笔，每次扣 2 分 绝缘电阻表没做开路检验，短路检验，每次扣 5 分	
3	万用表的使用	选择合适的量程 测量方法正确 读数准确	20	量程选择不正确，每次扣 2 分 测量方法不正确，每次扣 5 分 不会读数，每次扣 2 分	
4	钳形电流表的使用	选择合适的量程 测量方法正确 读数准确	10	量程选择不正确，扣 3 分 测量方法不正确，扣 5 分 不会读数，扣 2 分	
5	绝缘电阻表的使用	测量方法正确 读数准确	20	测量方法不正确，每次扣 5 分 不会读数，每次扣 2 分	
6	操作安全	仪表工具摆放有序 注意操作安全	10	仪表工具摆放混乱，每次扣 2 分 操作过程中有安全隐患，每次扣 5 分	
总分			100	得分	

观察员：　　　　操作员：　　　　年　月　日

【评价反馈】

1. 自我评价

我做得好的地方	我还存在这些方面的问题
□ 注意操作安全	□ 安全意识不强
□ 仪表、工具使用规范	□ 仪表、工具使用不规范
□ 测量步骤熟悉	□ 测量步骤不熟悉
□ 电器元件摆放整齐	□ 电器元件摆放不整齐
□ 操作用时合理	□ 操作用时过长
□ 工作态度端正	□ 工作态度不够端正

2. 小组评价

我们组做到了：□ 全员参与 □ 分工明确 □ 工作高效 □ 完成了工作任务

3. 教师评价

评价内容	评价指标	等级（A/B/C）
活动态度方面	1）是否有突出的领导力 2）是否具备一定的沟通技巧 3）与小组同学合作是否良好 4）是否有较强的安全意识 5）是否有较强的职业道德	
知识技能方面	1）查阅资料技能 2）动手操作能力 3）自我总结经验能力 4）分析问题、解决问题能力 5）口头表达能力	

【知识巩固】

一、选择题

1. 摇表是用来测（　　）的仪表。

A. 直流电流　　B. 绝缘电阻　　C. 交流电压　　D. 电阻

2. 万用表检查电路通断时，应该将量程转换开关置于（　　）档位处。

A. 电阻　　B. 电流　　C. 电压　　D. 通路蜂鸣

二、填空题

1. 某正常工作的三相交流异步电动机额定电流为 10A，用钳形电流表测量时，如果钳入一根电源线，钳形电流表的读数是________；如果钳入 2 根电源线，钳形电流表的读数是________。

2. 万用表测直流电压时，表笔与被测电路________联，红表笔接被测电路的________电位端，黑表笔接被测电路的________电位端。

3. 二极管的单向导电性是：____。

课堂笔记

课堂笔记

任务二 常见电工电子故障的查找及处理

【任务描述】

周一早上7点，某地铁公司检修工班组长小李接到报修电话，某车站三号扶梯突然停止运行。小李立即带上两名组员赶去检修。面对电路出现的突发性故障，及时有效地处理是每一位车站机电设备检修工的责任。在检修作业过程中，我们不可避免地会遇到电路故障，那么如何快速排查电路故障呢？

【学习目标】

目标名称	目标内容
知识目标	能口述故障查找的原则和方法
	能辨识常用低压电器设备，看懂电路图
技能目标	能使用万用表查找常见电器故障
	能正确处理故障

【知识准备】

一、查找故障的原则

1）先动口再动手。对于有故障的电器设备，不应急于动手，应先询问产生故障的前后经过及故障现象。对于生疏的设备，还应先熟悉电路原理和结构特点，遵守相应规则。拆卸前要充分熟悉每个电器部件的功能、位置、连接方式以及其与周围其他器件的关系，在没有组装图的情况下，应一边拆卸，一边画草图，并记上标记。

2）先外部后内部。应先检查设备有无明显裂痕、缺损，了解其维修史、使用年限等，然后再对机内进行检查。拆前应排除周边的故障因素，确定为机内故障后才能拆卸。否则，盲目拆卸，可能将设备越修越坏。

3）先机械后电器。先确定机械零件无故障后，再进行电器方面的检查。检查电路故障时，应利用检测仪器寻找故障部位，确认无接触不良故障后，再有针对性地查看电路与机械的运作关系，以免误判。

4）先静态后动态。在设备未通电时，判断电气设备按钮、接触器、热继电器以及熔丝的好坏，从而判定故障的所在。进行通电试验，听其声、测参数、判断故障，最后进行维修。

5）先清洁后维修。对污染较重的电气设备，先对其按钮、接线点、接触点进行清洁，检查外部控制键是否失灵。许多故障都是由脏污及导电尘块引起的，清洁后故障往往会排除。

6）先电源后设备。电源部分的故障在所有设备故障中占的比例很高，所以先检修电源往往可以事半功倍。

7）先普遍后特殊。因装配配件质量或其他设备故障而引起的故障，一般占常见故障的 50%左右。电气设备的特殊故障多为软故障，要靠经验和仪表来测量和维修。

二、常见低压电器

在查找电器故障的时候一般都要从故障现象开始着手，寻找最有可能导致该故障发生的点。那么，前提就必须对故障设备的二次控制电路有清楚的了解，比如电路中有哪些控制器件，这些器件都有些什么作用，它们的输入输出信号是怎样动作的等。表 1-5 列出了常见低压电器。

表 1-5 常见低压电器

名称	实物图	符号	作用
自动开关	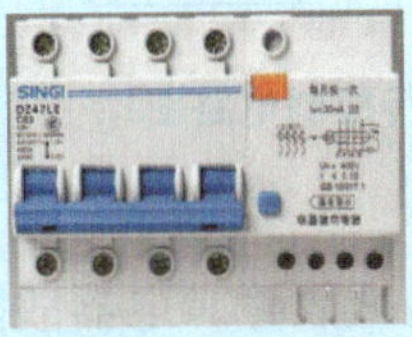	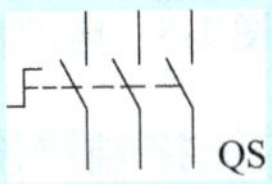	用于隔离、转换以及接通和分断电路
熔断器	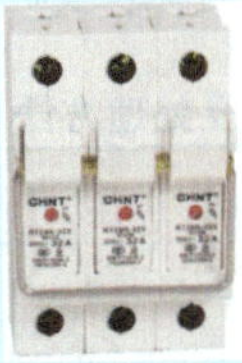	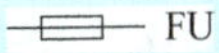	在低压配电电路和电动机控制电路中起短路保护作用
交流接触器		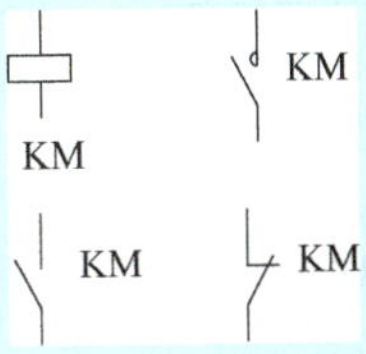	用于频繁地接通和分断电动机工作电流
热继电器		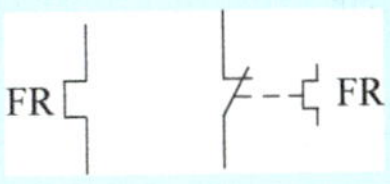	利用电流的热效应原理工作的保护电器，在电路中用于电动机的过载保护
按钮开关		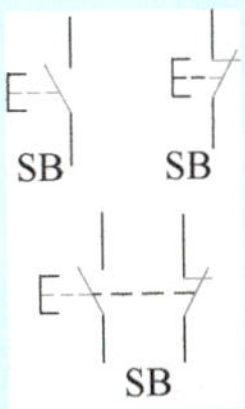	用于短时接通或分断 5A 以下的小电流电路，向其他电器发出指令性的电信号，控制其他电器动作

三、常见故障的查找与处理

电气设备经过长时间的运行，必然会出现各种各样的故障。下面仅以电动机单向连续运行控制电路为例，介绍如何使用万用表查找电器故障。电动机单向连续运行控制电路图如图 1-8 所示。

课堂笔记

课堂笔记

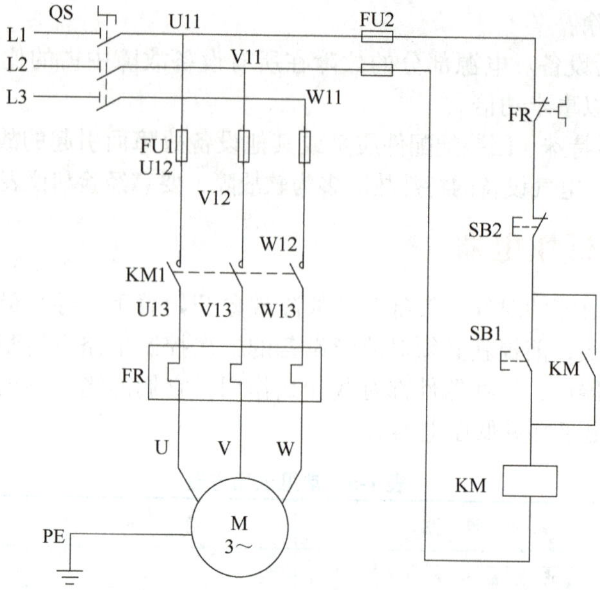

图 1-8　电动机单向连续运行控制电路图

1. 电动机不转动，交流接触器没反应

电路接通后，若交流接触器不动作，排除机械故障，电器故障可能有以下几种情况，见表 1-6。

表 1-6　电动机不动，交流接触器没反应故障查找及处理方法

故障点	操作示意图	查找方法	处理方法
熔断器	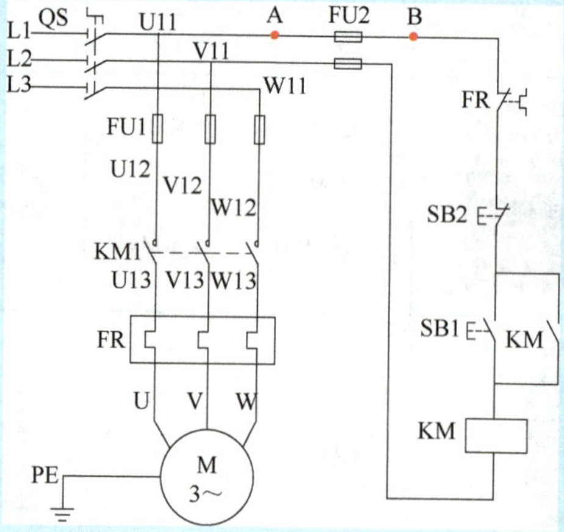	万用表量程转换开关置于“通路蜂鸣”档位处，测量每一个熔断器的通断（如操作示意图所示，测量 AB 两点的通断）	若熔断器烧断，则需要更换新的熔丝
按钮开关	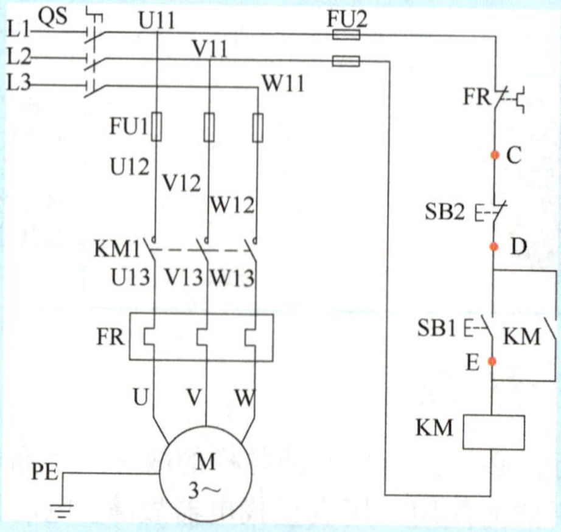	万用表量程转换开关置于“通路蜂鸣”档位处，测量停止按钮的常闭触点是否处于闭合状态（测 CD 两点的通断），启动按钮的常开触点能否正常闭合（测 DE 两点的通断）	若 CD 两点不通，说明停止按钮常闭触点处于断路状态。若按下启动按钮，DE 两点不通，则说明启动按钮常开触点不能正常闭合。此时需检查按钮内部接线或更换新的按钮开关

（续）

故障点	操作示意图	查找方法	处理方法
交流接触器线圈	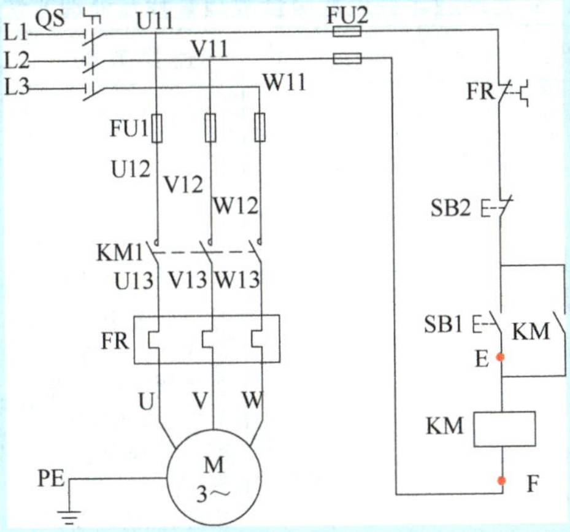	万用表量程转换开关置于“电阻”档位处，测量交流接触器线圈电阻（测EF两点之间的电阻值）	若EF两点之间电阻值为700Ω左右，则线圈正常接入电路。若EF两点之间电阻值较大或为无穷大，则线圈可能烧坏或者线圈接点有松动脱落现象，需要更换新的交流接触器
热继电器常闭触点	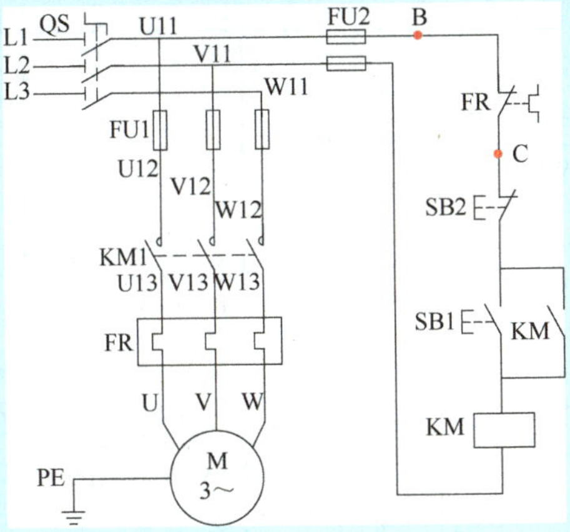	万用表量程转换开关置于“通路蜂鸣”档位处，测量热继电器常闭触点是否已动作（测BC两点之间的通断）	在未动作的情况下，BC两点之间应该是闭合状态。若BC两点不通，说明热继电器有过载保护动作，需进一步检查负载情况
三相电源电压	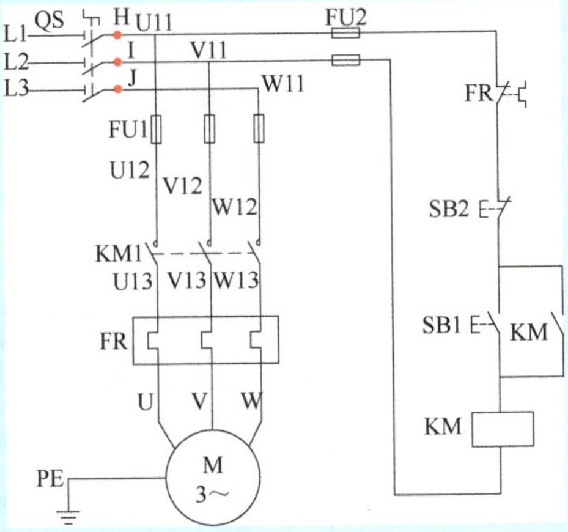	万用表量程转换开关置于“交流电压”档位处，测量三相电源线电压值（测H、I、J三点之间两两电压值）	三相电源线电压为380V，即H、I、J三点之间两两电压值为380V左右。若其中两相没有380V，则可能是自动开关有故障或者三相电源没有引入电路，需进一步检查

课堂笔记

课堂笔记

2. 电动机不转动，交流接触器触点能吸合

电路接通按下启动按钮后，若交流接触器触点能吸合，但电动机不能转动，排除机械故障，电器故障可能有以下几种情况，见表 1-7。

表 1-7　电动机不动，交流接触器触点能吸合故障查找及处理方法

故障点	操作示意图	查找方法	处理方法
熔断器	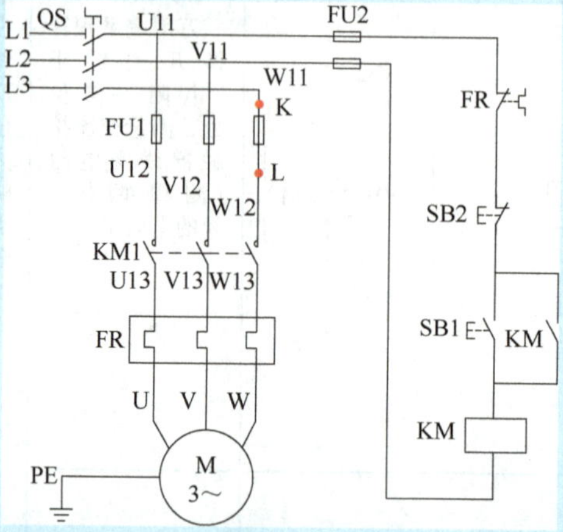	万用表量程转换开关置于“通路蜂鸣”档位处，测量主电路3个熔断器的通断（如操作示意图所示，测量KL两点的通断）	若熔断器烧断，则需要更换新的熔丝
交流接触器主触头	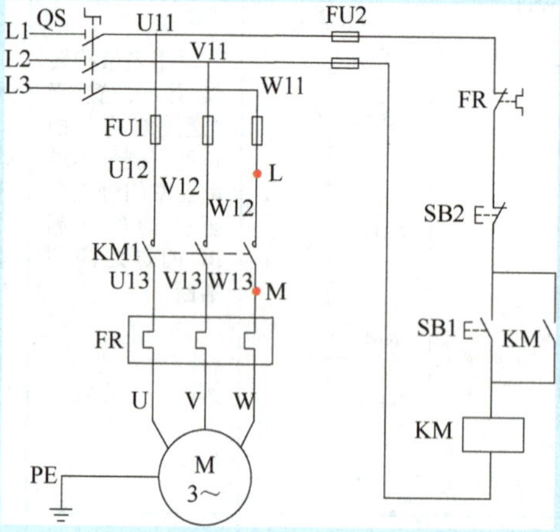	万用表量程转换开关置于“通路蜂鸣”档位处，测量交流接触器三对主触头的通断（如操作示意图所示，测LM两点的通断）	通电测量三对主触头的通断，判定接点是否有松动脱落的现象
电动机电源电压	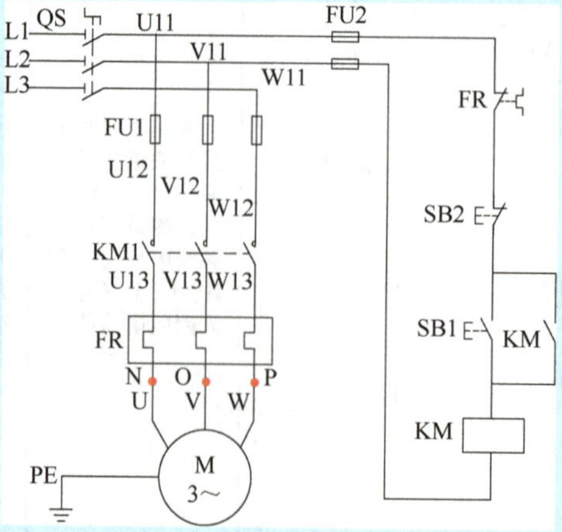	万用表量程转换开关置于“交流电压”档位处，测量电动机三相电源进线电压值（测N、O、P三点之间两两电压值）	若N、O、P三点之间两两电压值为380V，则说明主电路电压正常，需要检查电动机的好坏。若两两电压值没有380V，则说明主电路电压有缺相，需进一步检查主电路，排除接线点是否有松动点，接插件是否可靠，相关接点是否有老化腐蚀的问题

3. 电动机只能实现点动运行

电路接通按下启动按钮后，电动机只能实现点动运行，电器故障可能有以下几种情况，见表 1-8。

表 1-8 电动机只能实现点动运行故障查找及处理方法

故 障 点	操作示意图	查 找 方 法	处 理 方 法
交流接触器常开辅助触头	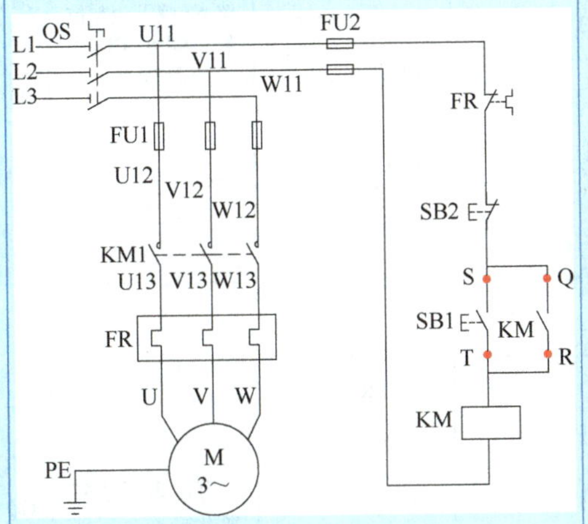	万用表量程转换开关置于“通路蜂鸣”档位处，通电运行状态下测量 QR 两点的通断	若 QR 两点不能正常闭合，则说明交流接触器有故障，应进一步检查或者更换新的交流接触器
交流接触器常开辅助触头与启动按钮的连接	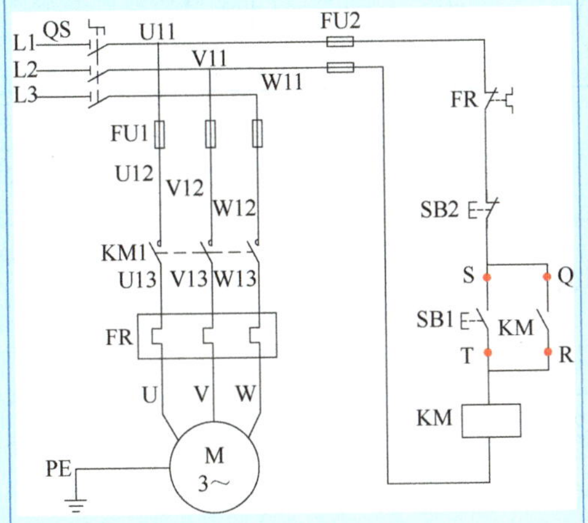	万用表量程转换开关置于“通路蜂鸣”档位处，分别测量 SQ、TR 的通断	若 SQ 或者 TR 不导通，可能是电路连接错误，导线断开或者接点松动接触不良，需进一步排查

4. 电动机不能停止

电路接通且按下启动按钮后，电动机正常运行，但按停止按钮电动机不能停止。电器故障可能有以下几种情况，见表 1-9。

以上简单列举了几种电动机单向连续运行控制电路故障的查找和处理方法，不过由于电器控制系统种类繁多，控制方式各异，这里没有办法一概而论。总而言之，查找故障必须将相关的电器控制图了解清楚，然后从故障现象入手，一步一步地查找，这样能够很快地将问题找出来。

课堂笔记

课堂笔记

表 1-9　电动机不能停止故障查找及处理方法

故障点	操作示意图	查找方法	处理方法
停止按钮	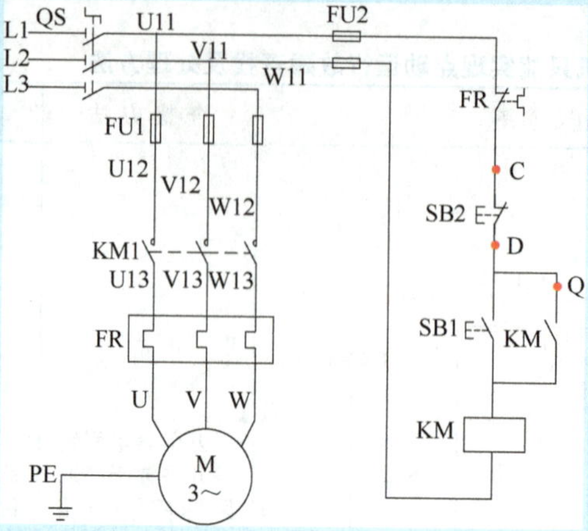	万用表量程转换开关置于“通路蜂鸣”档位处，测量 CD 两点的通断	按下停止按钮，CD 两点仍然导通，则说明停止按钮故障，需进一步检查按钮内部电路或者更换
交流接触器常开辅助触头与停止按钮的连接	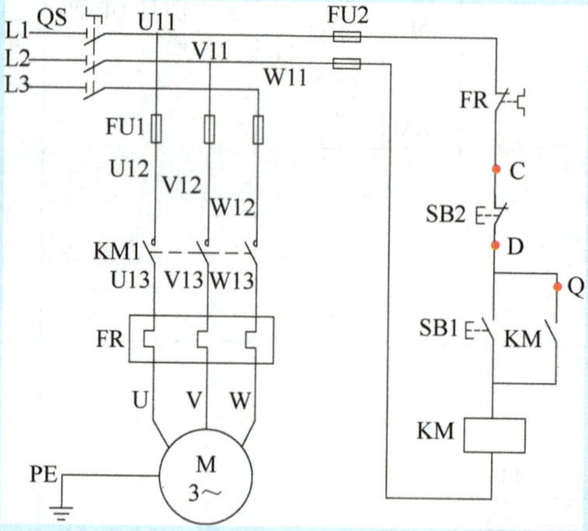	万用表量程转换开关置于“通路蜂鸣”档位处，测量 CQ、DQ 的通断	按下停止按钮，CQ 两点仍然导通，则说明交流接触器与停止按钮连接不对，需进一步检查电路

【信息收集】

一、自动开关的用途是什么？

二、熔断器的用途是什么？

三、交流接触器的用途是什么？

四、热继电器的用途是什么？

五、按钮开关的用途是什么？

六、标出图中各元器件的名称。

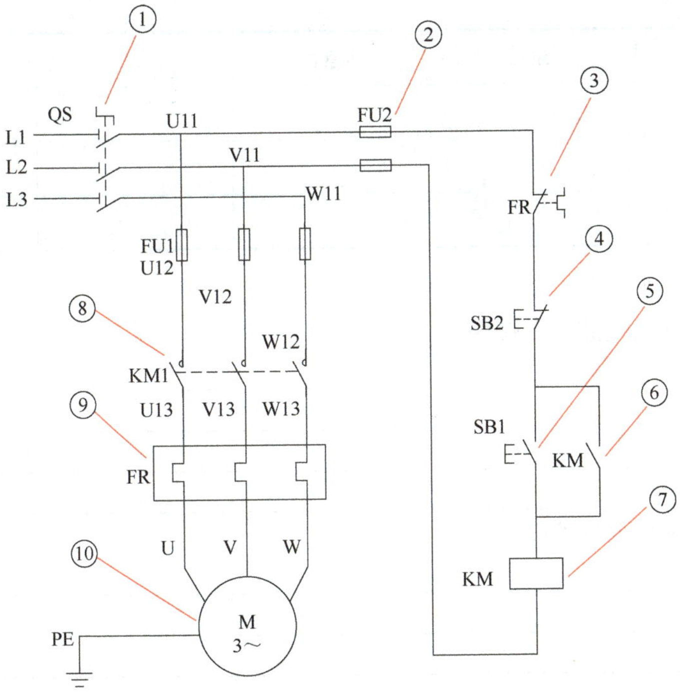

①________ ②________ ③________ ④________ ⑤________

⑥________ ⑦________ ⑧________ ⑨________ ⑩________

【制订计划】

请根据描述的现象和任务要求，确定所需的工具和物品，并对小组成员进行合理分工，制订详细的操作计划。

1. 请在下表中选择在操作中可能用到的工具和物品（在对应的选项中打√即可）。

工具和物品名称	选择	
万用表	□可能	□不可能
三相交流异步电动机	□可能	□不可能
电阻	□可能	□不可能
二极管	□可能	□不可能
干电池	□可能	□不可能
待检测的电路	□可能	□不可能
剥线钳	□可能	□不可能
压线钳	□可能	□不可能
绝缘胶布	□可能	□不可能
导线	□可能	□不可能
一字螺钉旋具	□可能	□不可能
十字螺钉旋具	□可能	□不可能

课堂笔记

课堂笔记

2. 小组成员分工：

序号	组长	观察员	操作员	备注

3. 操作计划：

1）常见的电气故障有哪些？

2）如何查找电气故障？

【实施计划】

请根据电路故障现象，完成故障排查任务，并记录排查过程。

1. 故障一：

现象：

故障原因：

如何处理：

2. 故障二：

现象：

故障原因：

如何处理：

3. 故障三：

现象：

故障原因：

如何处理：

【检查与控制】

观察员根据操作员的工作过程评分，具体评分细则见表 1-10。

表 1-10 电路故障查找与处理的操作考核评分表

操作时间：40min

序号	考核项目	考核内容及要求（评分要点）	配分	评分标准	扣分
1	运行电路	能正确识别电器元件	20	不能正确识别电器元件，每次扣5分	
		会通电运行操作		不会通电运行，扣5分	
		能准确判定故障现象		不能准确判定故障现象，每次扣5分	
2	万用表的使用	正确选用万用表	20	表笔插错，扣5分 量程转换开关选择错误，每次扣5分 不会测量，每次扣5分	
		正确选择量程转换开关			
		正确操作使用万用表			
3	故障查找	准确找到三个故障点	30	故障点查找错误，每处故障扣10分 不能正确口述故障原因，每次扣5分 超时未能完成任务，扣5分	
		正确口述故障原因			
		时间分配合理			
4	故障处理	正确处理故障	20	故障处理有误，每处扣5分 电路不能正常运行，扣5分	
		电路运行正常			
5	操作安全	注意操作安全	10	工具摆放混乱，每次扣2分 操作过程中有安全隐患，每次扣5分	
		文明操作、工具摆放有序			
总分			100	得分	

观察员： 操作员： 年 月 日

课堂笔记

【评价反馈】

1. 自我评价

我做得好的地方	我还存在这些方面的问题
□ 注意操作安全	□ 安全意识不强
□ 工具使用规范	□ 工具使用不规范
□ 操作步骤熟悉	□ 操作步骤不熟悉
□ 操作用时合理	□ 时间分配不合理
□ 工作态度端正	□ 工作态度不够端正

2. 小组评价

我们组做到了：□ 全员参与 □ 分工明确 □ 工作高效 □ 完成了工作任务

3. 教师评价

评价内容	评价指标	等级（A/B/C）
活动态度方面	1）态度是否积极，是否主动组织或参与活动 2）与小组同学合作是否良好 3）是否有较强的安全意识 4）是否有严谨认真的工作态度	

课堂笔记

（续）

评价内容	评价指标	等级（A/B/C）
知识技能方面	1）查阅资料技能 2）动手操作能力 3）自我总结经验能力 4）分析问题、解决问题能力	

【知识巩固】

一、选择题

1. 在低压电路中能够频繁接通和断开交流主电路和大容量控制电路的电器元件是（　　）。

A. 自动开关　　B. 按钮开关　　C. 交流接触器　　D. 热继电器

2. 能实现电动机过载保护的是（　　）。

A. 热继电器　　B. 熔断器　　C. 自动开关　　D. 交流接触器

二、填空题

1. 熔断器可进行电路的________________保护。

2. 排查熔断器故障，需将万用表量程转换开关置于________________档位上。

三、判断题

1. 判定按钮开关故障可在电路未通电情况下进行。（　　）

2. 若电动机单向连续运行电路只能实现点动控制，则故障点可能出现在交流接触器的线圈上。（　　）

任务三 安全用电

【任务描述】

近年来，自动扶梯“吞”人事故时有发生。2016年5月29日，重庆市北碚区某商场一台原本正在维修且已经断电的自动扶梯又恢复运转，当即将其中一名维修工卷入电梯内，这是维修人员薄弱的安全意识造成了此次事故。作为一名车站机电设备检修工，必须懂得安全第一的观念，严格操作规程，提高安全用电意识。

【学习目标】

目标名称	目标内容
知识目标	能口述什么是触电，说出触电的常见类型
	能口述如何避免触电
技能目标	能正确将触电者脱离电源
	能正确诊断触电者的情况，采取合适的急救措施
	能正确操作口对口人工呼吸法、胸外心脏按压法、人工心肺复苏抢救法

课堂笔记

【知识准备】

一、认识触电

当人体某一部位接触到带电的导体（裸导线、开关、插座的铜片等）或触及绝缘损坏的带电设备时，人体便成为一个通电的导体，电流流过人体会造成伤害，这就是触电。

触电时，电流通过人体造成的伤害有电击和电伤两种。电击是指电流通过人体，使人体的内部组织受到伤害，严重时会导致人窒息、心跳停止而死亡。电伤是指电流对人体表面造成的局部伤害，它使人体皮肤局部受到灼伤和烙伤，严重时也会致人死亡。

影响电流对人体伤害程度大小的主要因素是流过人体的电流的大小。对工频电流，成人的感知电流约为1mA。少量电流流过人体时（如0.6～1.5mA的电流通过人体），人就有感觉，会导致手指麻刺发抖。若大量电流（50～80mA）通过人体，会使人呼吸麻痹、心室开始颤动，造成伤害，甚至死亡。因此，电工操作时，应特别注意安全用电、安全操作。

规定流过人体的安全电流为50mA，安全电压为36V，在金属架或潮湿的场所工作，安全电压等级还要降低，通常为24V或12V。

二、常见的触电类型

课堂笔记

根据人体接触带电体的具体情况，常见有 4 种触电类型，见表 1-11。

表 1-11　常见的触电类型

类　型	图　示	说　明
单相触电	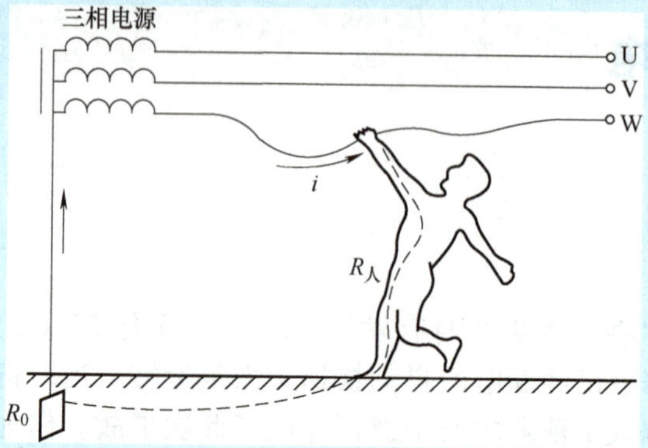	当人体的某一部位碰到一根带电的相线或绝缘性能不好的电气设备外壳，电流由相线经人体流入大地的触电，称为单线触电（也称单相触电），这是常见的触电方式
双相触电		当人体的不同部位分别接触到同一电源的两根不同相位的相线，电流由一根相线经人体流到另一根相线的触电，称为双线触电（也称双相触电）。此时，通过人体的电流比单相触电时大
跨步电压触电		当有大电流流入电网接地点或高压电接地时，电流会在接地点周围产生电压降，当人走近接地点时（20m 内），其跨步（0.8m）使两脚承受一电压，造成跨步电压触电。此时，越接近接地点，跨步电压越大，通过人体的电流越大
高压电弧触电	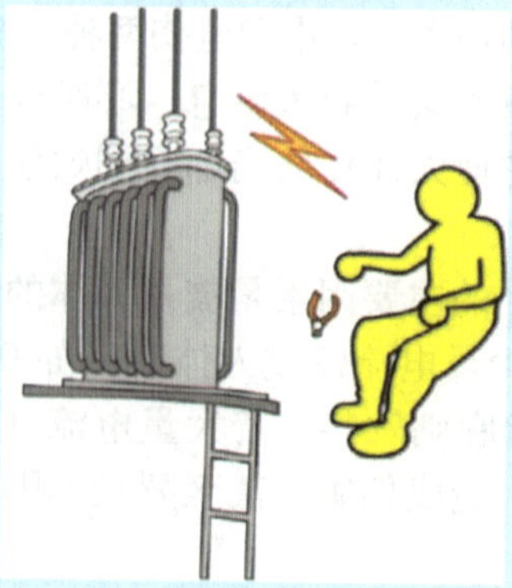	高压电弧触电是指人靠近高压线（高压带电体），由于电压过高，即使不接触高压输电电路，在接近过程中人也会看到一瞬的闪光（就是弧光）并被高压电击倒触电受伤或死亡

三、预防触电

1. 提高安全意识

安全用电包括两个方面，一是用电时要保证人身的安全，防止触电；二是保证用电电路及设备的安全，避免遭受损伤，甚至引起火灾等。从事电气工作的人员，必须牢记安全第一的观念，严格遵守操作规程。安装和维修电器及电路时，要断开电源，并用试电笔检验确实无电后才可进行作业。必要时，可在断开的电源开关处留人值守或安放“禁止合闸，有人工作”的标牌。

2. 绝缘措施

用绝缘材料将带电体封闭起来的措施称为绝缘措施，良好的绝缘是保证电气设备和电路正常运行的必要条件。电气设备要根据说明和要求正确安装，带电部分必须有防护罩或放到不易接触到的高处。维修电路时，要求使用绝缘工具。表 1-12 列出的是从事电气工作人员必备的绝缘工具。

表 1-12 绝缘工具

绝缘工具	实物	说明
绝缘拉杆	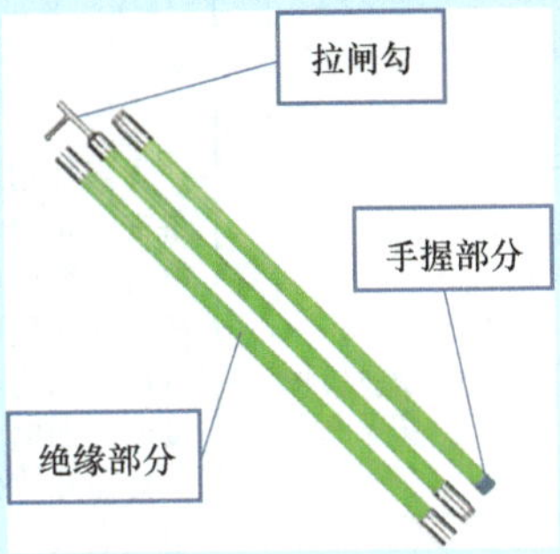	绝缘拉杆也称为高压拉闸杆，工作部分是固定在绝缘部分上的金属端头，有的用金属钩和金属横梁。绝缘部分是保证用具安全可靠的主要部分，它是用绝缘材料制成的，如硬橡胶、塑料和木料等。手握部分也是用绝缘材料制成的。这种绝缘拉杆是一种必不可少的高压安全用具，用它可以操作各种隔离开关和高压熔断器
绝缘手套和绝缘鞋	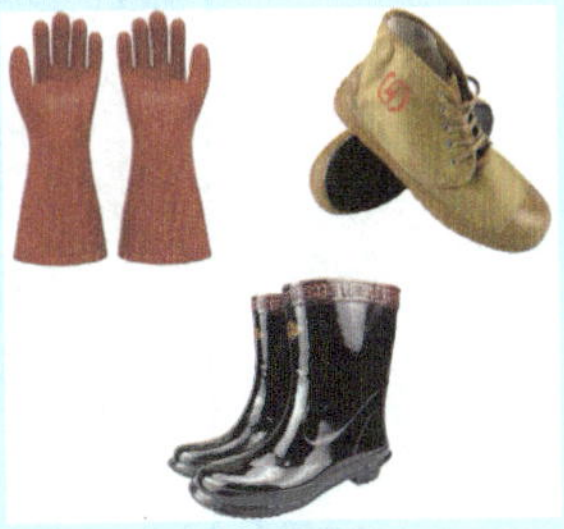	绝缘手套和绝缘鞋是用橡胶制成的，它是防止触及不同带电体的绝缘用具，它的特点是绝缘耐压水平较高，使用方便。安装和维修电器及电路时操作人员应穿好绝缘鞋、戴好绝缘手套
绝缘垫和绝缘台		绝缘垫是用橡胶制成的一种绝缘板，把它垫在地上能与大地绝缘，以保证电工的操作安全。绝缘台是用绝缘物质制成的一种辅助安全用具，操作时站在这个台上，也能起到和大地绝缘的作用，从而保证操作者的安全
试电笔	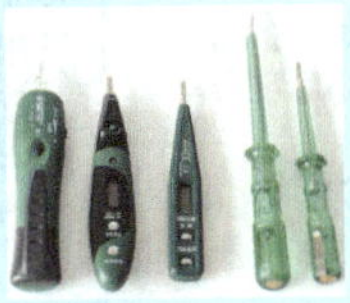	试电笔又称为低压验电器，是专门用来检查低压设备或低压电路是否有电，以及区别相线与零线的一种工具

3. 设备防护措施

为防止发生触电事故，除应注意开关必须安装在相线上以及合理选择导线与熔丝外，还需要对电气设备采取防护措施，见表 1-13。

课堂笔记

课堂笔记

表 1-13　电气设备防护措施

措　施	示 意 图	说　明	意　义
保护接地	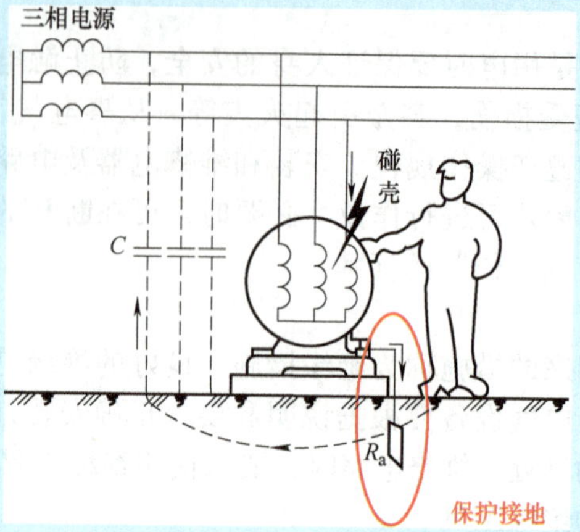	将电气设备的金属外壳与埋入地下并且与大地接触良好的接地装置进行可靠连接，称为保护接地。保护接地主要应用在中性点不接地的电力系统中	若设备漏电，外壳上的电压将通过接地装置将电流导入大地。如果有人接触漏电设备外壳，使人体与漏电设备并联，因人体电阻 R 远大于接地装置对地电阻 R_a，通过人体的电流非常微弱，从而消除了触电危险
工作接地	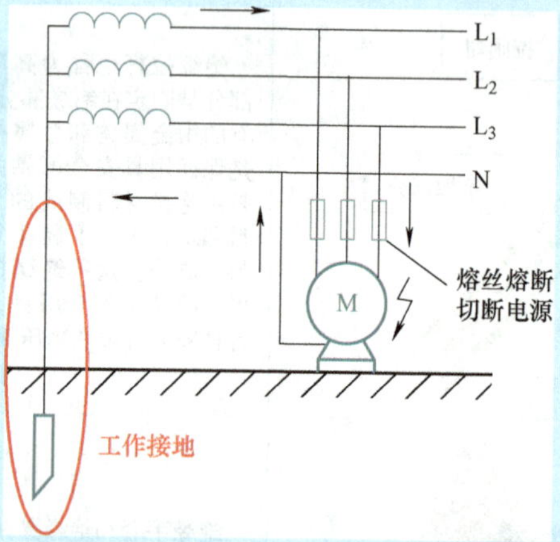	为保证用电设备安全运行，将电力系统中的变压器低压侧中性点接地称为工作接地。如电力变压器和互感器的中性点接地，都属于工作接地	工作接地的目的是为了满足电力系统运行和安全的需要，接地使电网的中性点与地之间的电位接近于零。低压配电系统无法避免相线碰壳或相线断裂后碰地，如果中性点对地绝缘，就会使其他两相的对地电压升高到3倍的相电压，其结果可能把工作电压为220V的电气设备烧坏。对于中性点接地的系统，即使一相与地短路，另外两相仍可接近相电压，因此接于其他两相的电气设备不会损坏
保护接零	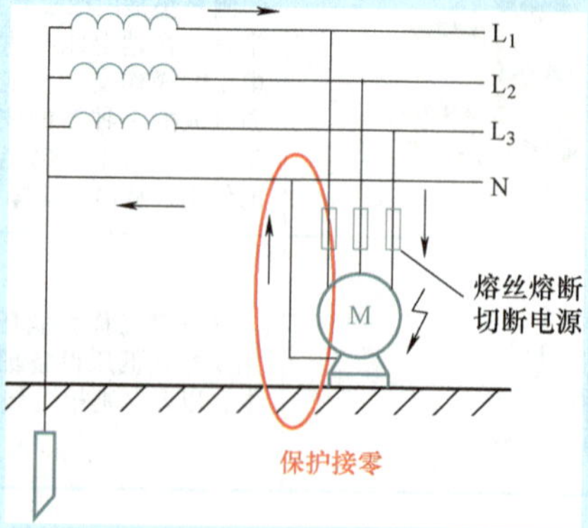	将用电设备的外壳及金属支架等与零线连接称为保护接零。在三相四线制中性点直接接地的电网中，广泛采用保护接零	当电动机某一相绕组的绝缘损坏而与外壳相接时，就形成单相短路，强大的短路电流迫使这一相中的熔丝熔断或继电保护装置动作，因而外壳便不再带电。即使在熔丝熔断前人体触及外壳，也会由于人体电阻远大于设备外壳与零线之间的接触电阻，使通过人体的电流极为微小，因此排除了触电危险

（续）

措施	示意图	说明	意义
重复接地	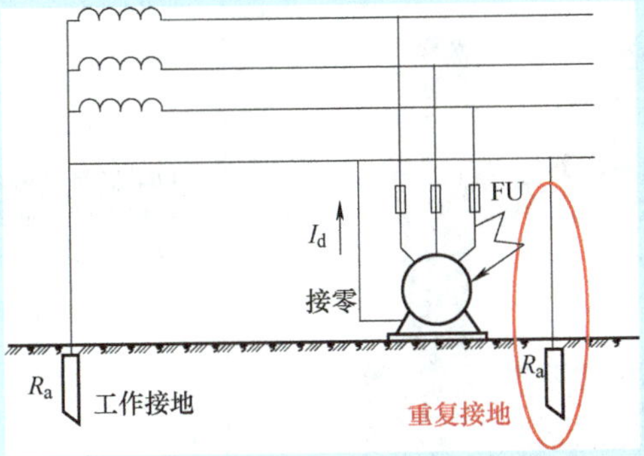	在三相四线制保护接零电网中，除了变压器中性点的工作接地之外，在零线上每一段重要的分支线上会进行再次接地	采取保护接零措施后，零线绝对不准断开，所以技术上要求零线上不准安装开关和熔断器。若万一零线断路，重复接地线将起着把漏电电流导入大地的作用

注意：在同一供电电路上，不允许一部分电气设备保护接地，另一部分电气设备保护接零。因为当接地设备绝缘损坏使外壳带电时，若有人同时触到接地设备外壳和接零设备的外壳，人体将承受相电压，这是非常危险的！

四、触电急救

触电急救的基本原则是动作迅速、救护得法，切不要惊慌失措。当发现有人触电，必须迅速地使触电者脱离电源，也要保证施救者本身的安全，然后根据触电者的具体情况，进行相应的现场救护。

1. 脱离电源

使触电者迅速脱离电源的常用方法见表 1-14。

课堂笔记

表 1-14　使触电者迅速脱离电源的常用方法

序号	图示	操作方法
1	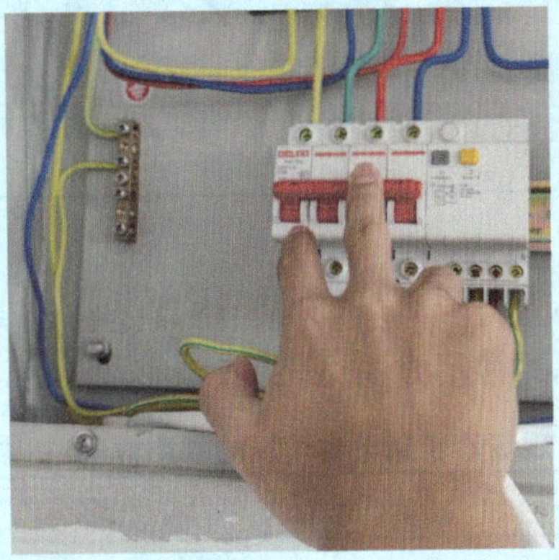	迅速拉开刀开关或拔去电源插头
2		用绝缘工具切断电源线

课堂笔记

（续）

序　号	图　示	操作方法
3	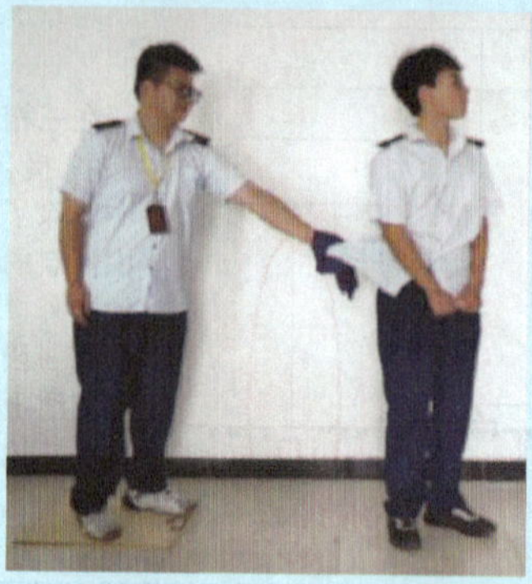	单手抓触电者的干燥衣服使其脱离电源，同时注意施救者自身安全（如踩在干燥的木板上）
4	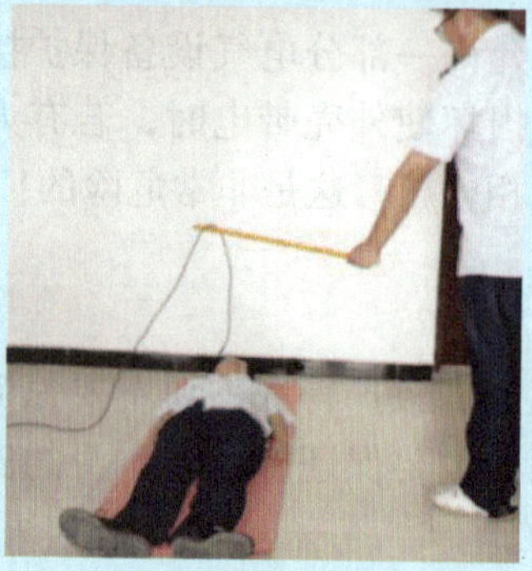	用干燥的木棒拨开触电者身上的电线
5		用干燥的木板等绝缘物塞入触电者的身下，隔断电流的通路，使触电者脱离电源

2. 就地诊断

使触电者脱离电源后，应马上将触电者仰卧，将其上衣与裤带放松，并进行简单的诊断，现场诊断触电者情况的常用方法见表 1-15。

表 1-15　现场诊断触电者情况的常用方法

方法	看	听	摸
示意图	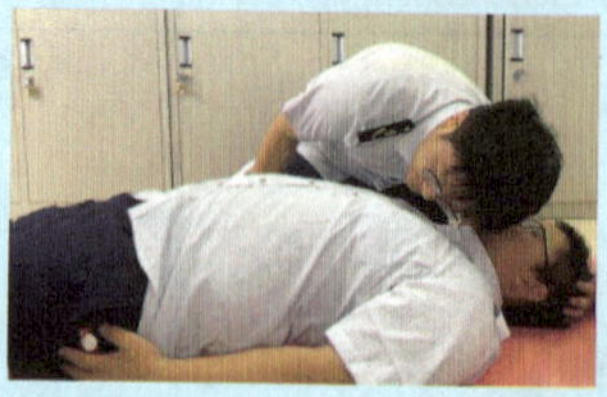		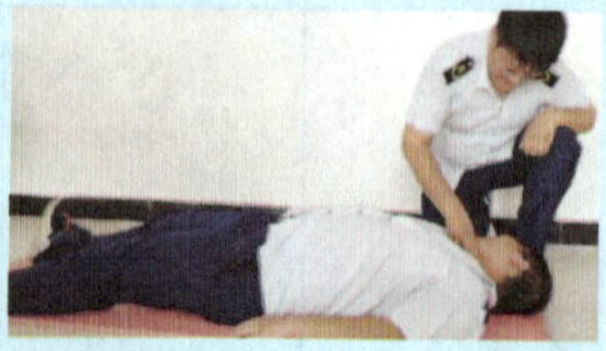
要点	侧看触电者的胸部、腹部，判断有无起伏动作	聆听触电者心脏跳动的情况和口鼻处的呼吸声响	触摸触电者喉结旁凹陷处的颈动脉有无脉动

3. 现场救护

就地诊断后，在 120 救护车到来之前可根据触电后的诊断情况采取相应的救护方法，见表 1-16。

表 1-16 根据触电后的诊断情况采取相应的救护方法

诊断情况	救护方法
触电者尚有意识，心跳和呼吸存在	送触电者到空气流通、暖和安静的地方平卧休息，专人监护
触电者丧失意识，但心跳和呼吸存在	就地护理，尽快转送医院
触电者呼吸停止，但尚有心跳	立即用口对口人工呼吸的方法进行抢救
触电者心跳停止，但尚有呼吸	立即用胸外心脏按压的方法进行抢救
触电者丧失意识，心跳和呼吸停止	立即用人工心肺复苏的方法进行抢救

（1）口对口人工呼吸法　对呼吸渐弱或已经停止的触电者，需采用口对口人工呼吸法进行现场急救，见表 1-17。

表 1-17 口对口人工呼吸法

步骤	示意图	要点
第一步，清除口腔异物	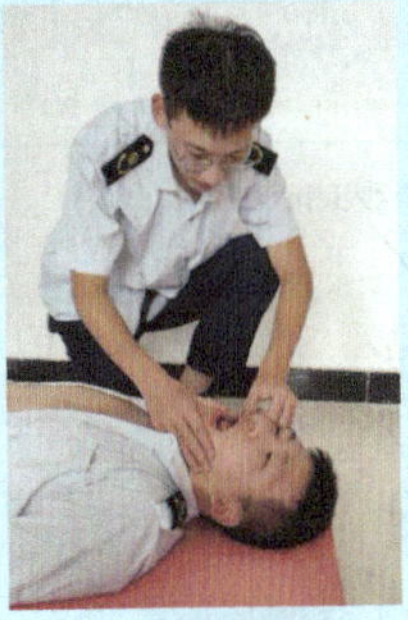	将触电者仰面平卧，用食指清除口腔异物，若有假牙，取下假牙
第二步，舌根抬起气道通	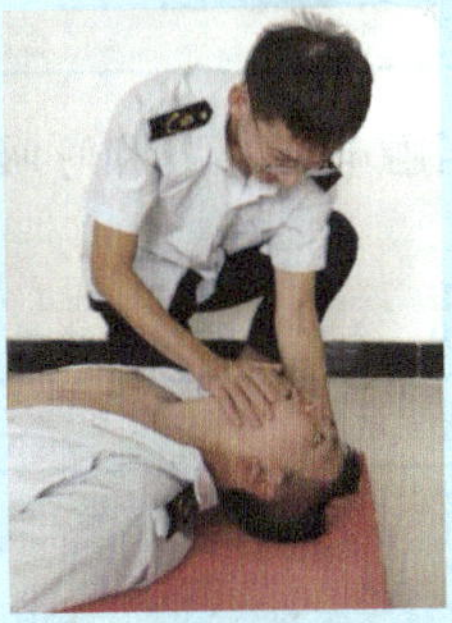	施救者的一只手放在触电者前额使其头部后仰，另一只手的食指与中指放在触电者下颌骨并抬起下颌
第三步，深呼吸后紧贴嘴吹气	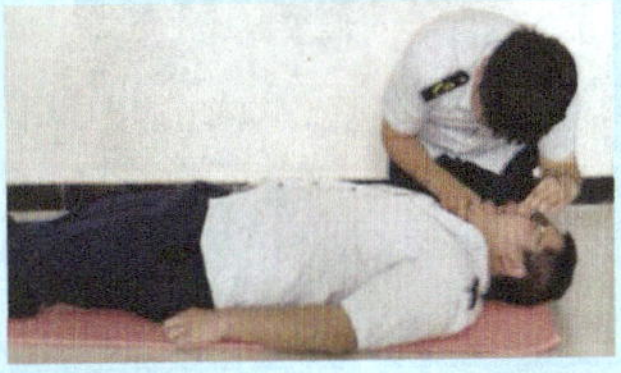	捏紧触电者鼻子，施救者深吸一口气后，口对口紧合吹气，约 2s
第四步，放松嘴鼻换气	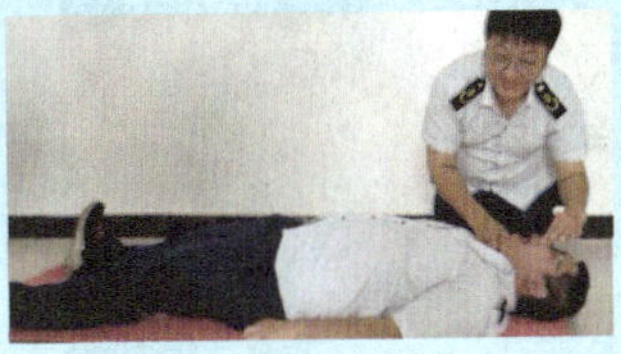	松开触电者的鼻子，将其嘴合上，让其自行呼气约 3s

课堂笔记

（2）胸外心脏按压法　当触电者心脏停止跳动时，可以有节奏地在胸廓外加力，对心脏进行按压，利用人工方法代替心脏的收缩与扩张，以达到维持血液循环的目的，胸外心脏挤压法见表 1-18。

课堂笔记

表 1-18 胸外心脏按压法

步骤	示意图	要点
第一步，急救准备	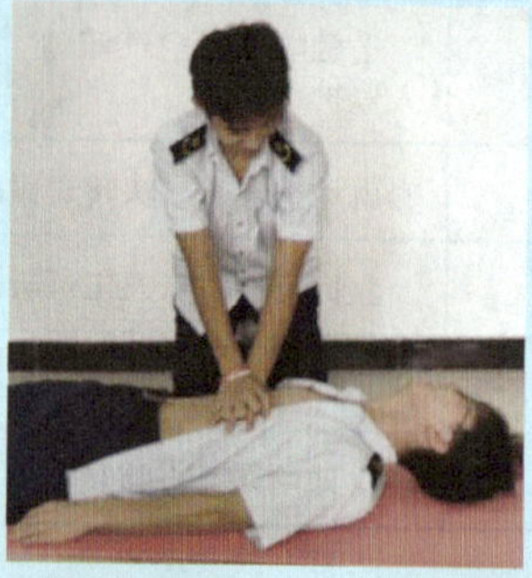	将触电者就地仰卧在硬板上或平整的硬地面上，解松衣裤；施救者跪在触电者的一侧
第二步，做好叠手姿势和找准正确压点	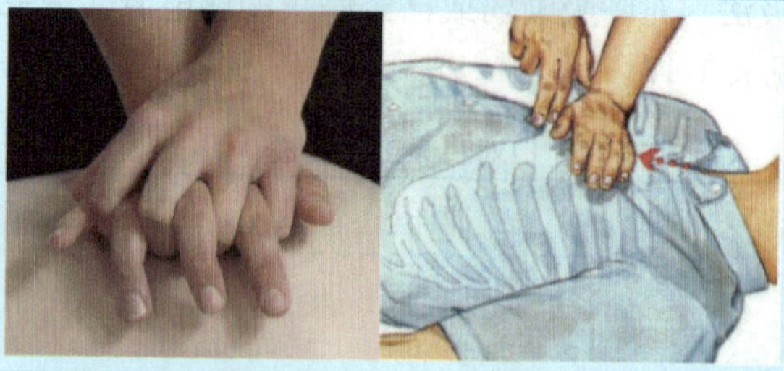	抢救者一手掌根部紧贴于胸骨中下 1/3 交界处的正中线上，另一手掌放在此手背上，两手平行重叠且手指交叉互握稍抬起，使手指脱离胸壁。双臂绷直，双肩中点垂直于按压部位
第三步，挤压与放松	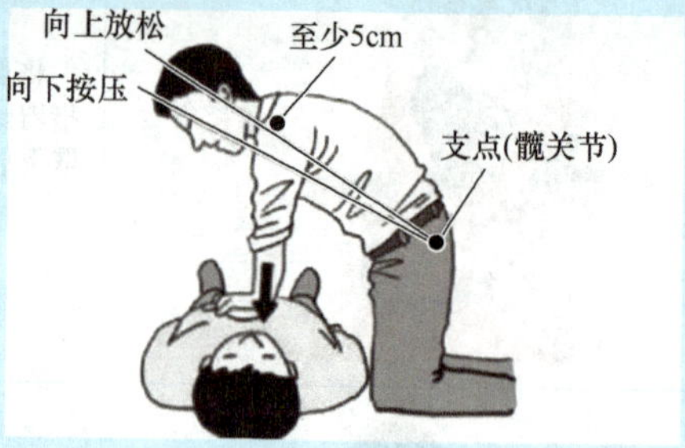	利用上半身体重和肩、臂部肌肉力量垂直向下按压，按压深度约为 5cm。按压至最低点处，应有一明显的停顿，不能冲击式地猛压或跳跃式按压。放松时手掌根部不要离开按压部位，但应尽量放松，使胸骨不受任何压力。按压频率为 80~100 次/min

（3）人工心肺复苏抢救法　当触电者心脏和呼吸都停止时，应立即进行人工心肺复苏抢救，见表 1-19。

表 1-19 人工心肺复苏抢救法

步骤	示意图	要点
第一步，实施胸外心脏按压	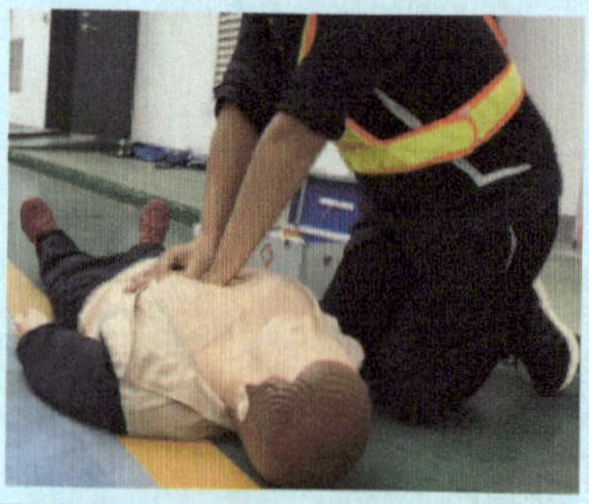	进行 30 次按压
第二步，打开气道	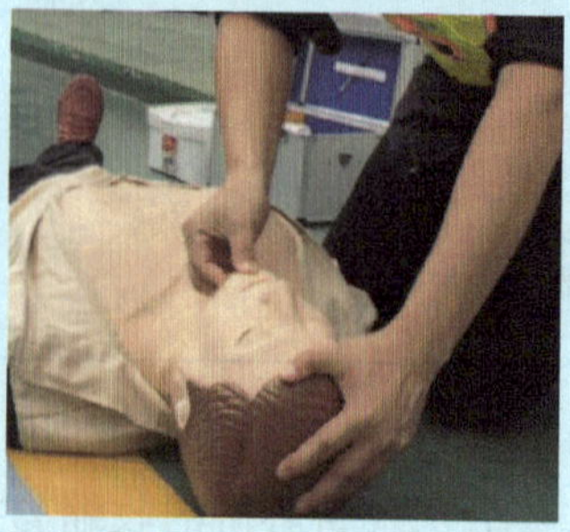	仰头、抬颌进行人工通气。清除口腔异物，取下假牙

（续）

步　骤	示 意 图	要　点
第三步，进行人工呼吸	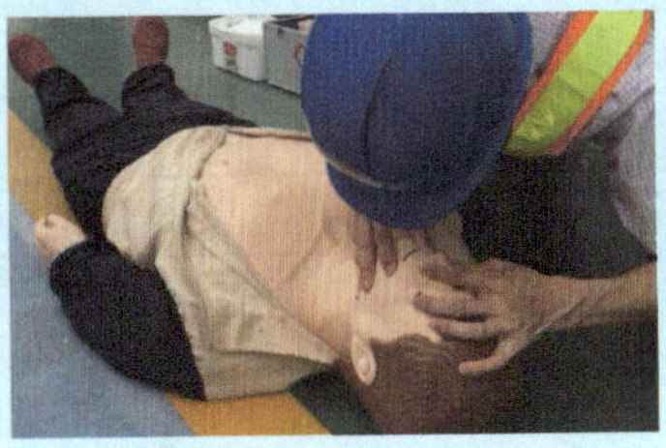	进行2次人工呼吸

心脏按压与人工呼吸按30∶2的比例反复进行，即心脏按压30次，人工呼吸2次为一个周期，交替进行。每持续进行5个周期或2min更换按压者，并在5s内完成转换。心脏按压与人工呼吸不能同时进行。

抢救过程中，要时刻注意触电者身体状况的变化，一般每隔5min左右检查一次触电者的呼吸与心跳情况。现场抢救时不能随意给触电者打强心针。

【信息收集】

一、什么是触电？

______

______

二、常见的触电类型有哪些？

______

______

三、如何避免触电？

______

______

______

四、为顺利完成本学习任务，请按要求完成以下信息收集。

1. 简述什么是保护接零？保护接零有何作用？

______

______

______

2. 简述什么是保护接地？保护接地有何作用？

______

______

______

3. 简述什么是工作接地？工作接地有何作用？

______

______

______

4. 简述什么是重复接地？重复接地有何作用？

______

______

______

课堂笔记

课堂笔记

5. 发现有人触电，你可用哪些方法使触电者尽快脱离电源？

【制订计划】

请根据描述的现象和任务要求，确定所需的工具和物品，并对小组成员进行合理分工，制订详细的操作计划。

1. 请在下表中选择在操作中可能用到的工具和物品（在对应的选项中打√即可）。

工具和物品名称	选择	
绝缘拉杆	□可能	□不可能
绝缘剪	□可能	□不可能
配电箱	□可能	□不可能
纱布	□可能	□不可能
电话	□可能	□不可能
计时器	□可能	□不可能

2. 小组成员分工：

序号	组长	观察员	操作员	备注

3. 触电急救计划：遇到有人触电该如何处理？

【实施计划】

请结合本小组制订的急救计划，完成急救任务，并完成以下内容的填写。

1. 常见的触电类型有：________、________、________和________
2. 就地诊断的方法有：________、________、________
3. 现场救护的方法及步骤：

【检查与控制】

观察员根据操作员的工作过程评分，具体评分细则见表 1-20。

表 1-20 触电急救的操作考核评分表

操作时间：40min

序号	考核项目	考核内容及要求（评分要点）	配分	评 分 标 准	扣分
1	脱离电源	能采取正确的方法使触电者脱离电源	10	操作方法错误，每次扣 5 分	
		及时拨打 120		忘记拨打 120，扣 5 分	
2	就地诊断	正确操作“看”，口述要点	20	操作有误，要点阐述不清，每次扣 5 分 不能正确确定救护方法，扣 5 分	
		正确操作“听”，口述要点			
		正确操作“摸”，口述要点			
		确定救护方法			
3	口对口人工呼吸训练	正确操作口对口人工呼吸法	20	操作有误，要点阐述不清，每次扣 5 分 吹气前的准备工作不充分，扣 5 分 吹气和换气时间掌握不好，扣 5 分	
		正确口述操作要点			
		吹气量和换气掌握较好			
		时间掌握正确			
4	胸外心脏按压训练	正确操作胸外心脏按压法	20	操作有误，要点阐述不清，每次扣 5 分 叠手姿势错误，扣 5 分 压点错误，扣 5 分 挤压、放松动作不规范，扣 5 分 时间掌握不好，扣 5 分	
		正确口述操作要点			
		挤压、放松动作规范			
		时间掌握正确			
5	人工心肺复苏抢救训练	正确操作人工心肺复苏抢救法	20	操作有误，要点阐述不清，每次扣 5 分 动作不规范，扣 5 分 时间掌握不好，扣 5 分	
		正确口述操作要点			
		时间掌握正确			
6	操作安全	注意触电者安全	10	工具摆放混乱，每次扣 2 分 操作过程中有安全隐患，每次扣 5 分	
		注意自身安全			
总分			100	得分	

观察员：　　　　　　　　操作员：　　　　　　　　年　　月　　日

课堂笔记

课堂笔记

【评价反馈】

1. 自我评价

我做得好的地方	我还存在这些方面的问题
□ 注意操作安全	□ 安全意识不强
□ 工具使用规范	□ 工具使用不规范
□ 操作步骤熟悉	□ 操作步骤不熟悉
□ 操作用时合理	□ 时间分配不合理
□ 工作态度端正	□ 工作态度不够端正

2. 小组评价

我们组做到了：□ 全员参与　□ 分工明确　□ 工作高效　□ 完成了工作任务

3. 教师评价

评 价 内 容	评 价 指 标	等级（A/B/C）
活动态度方面	1）是否有突出的领导力 2）是否具备一定的沟通技巧 3）与小组同学合作是否良好 4）是否有较强的安全意识 5）是否有较强的职业道德	
知识技能方面	1）查阅资料技能 2）动手操作能力 3）自我总结经验能力 4）分析问题、解决问题能力 5）口头表达能力	

【知识巩固】

一、选择题

1. 当人体的某一部位碰到一根带电的相线或绝缘性能不好的电气设备外壳时，电流由相线经人体流入大地的触电，称为（　　）。

A. 单相触电　　B. 双相触电　　C. 跨步电压触电　　D. 高压电弧触电

2. 将用电设备的外壳及金属支架等与零线连接称为（　　）。

A. 保护接地　　B. 工作接地　　C. 保护接零　　D. 重复接地

二、填空题

1. 一般情况规定安全电压为________及以下，人体通过________电流就会有生命危险。

2. 常见的触电方式有________、________、________和________。

三、判断题

1. 照明电路必须采用三相四线制供电，中线绝对不能省去。因此中线上不能安装开关和熔断器。（　　）

2. 在同一供电电路上，允许一部分电气设备保护接地，另一部分电气设备保护接零。（　　）

延伸阅读

英国著名科学家焦耳从小就很喜爱物理学，他常常自己动手做一些关于电、热之类的实验。有一年假期，焦耳和哥哥一起到郊外旅游。突然，天空浓云密布，电闪雷鸣，刚想躲雨的焦耳发现，每次闪电过后好一会儿才能听见轰隆的雷声，这是怎么回事？焦耳顾不得躲雨，拉着哥哥爬上一个山头，用怀表认真记录下每次闪电到雷鸣之间相隔的时间。开学后焦耳几乎是迫不及待地把自己做的实验都告诉了老师，并向老师请教。老师望着勤学好问的焦耳笑了，耐心地为他讲解：“光和声的传播速度是不一样的，光速快而声速慢，所以人们总是先看见闪电再听到雷声，而实际上闪电雷鸣是同时发生的。”焦耳听了恍然大悟。从此，他对学习科学知识更加入迷。通过不断地学习和认真地观察计算，他终于发现了热功当量和能量守恒定律，成为一名出色的科学家。

作为一名车站机电设备检修工，需要一丝不苟严谨认真的工作态度。检修工作需要细致入微的观察，耐心的分析，准确的检测，就像小焦耳一样，通过反复地测算、推理，准确地发现问题、解决问题、积累知识和经验，最终成为一名优秀的车站机电设备检修工。

【学而思】

1. 请你搜集几个历史上与严谨工作有关的经典故事跟同学们分享一下。

课堂笔记

2. 结合本项目的学习，谈谈今后你在工作中如何做到严谨认真？

项目二 电梯运行管理与维护

02

电梯系统主要包括自动扶梯和垂直电梯，它们是城市轨道交通车站机电设备的重要组成部分。作为一种交通工具，自动扶梯每天担负着运送大量客流的任务，对客流的及时疏散起到了至关重要的作用。垂直电梯的设置则主要是为了满足残疾人等特殊人群的需求，因此均按无障碍设计。

本项目的学习任务如下：

任务一　自动扶梯事故应急处理
任务二　垂直电梯困人事故应急处理
任务三　自动扶梯维护检修
任务四　垂直电梯维护检修

课堂笔记

任务一 自动扶梯事故应急处理

【任务描述】

在某市地铁车站 A 入口处，4 岁大没有穿鞋的小朋友和奶奶下自动扶梯时，很兴奋，非要下来自己站着。到自动扶梯末端，小朋友没有抬脚，脚趾顺势滑进挡板与活动台阶的缝隙中，可自动扶梯并未停下，而是继续向下运动，小朋友右脚不慎卷入自动扶梯的挡板下，工作人员立即进行应急处理，开展救援工作。

【学习目标】

目标名称	目标内容
知识目标	能口述自动扶梯检查制度及安全操作规程
技能目标	学会自动扶梯基本操作
	能按制度参与并完成自动扶梯一般事故应急处理
	能与他人合作，进行有效沟通，能按实训室管理规定进行作业

【知识准备】

一、自动扶梯概述

自动扶梯是带有循环运行梯级，用于向上或向下倾斜输送乘客的固定电力驱动设备，可以按照扶手外观、梯级宽度、驱动装置位置、提升高度等进行分类。

二、自动扶梯检查制度及安全操作规程

1. 检查制度

首先在自动扶梯投入运行前须进行试运行，检查各部位是否工作正常；其次应做好自动扶梯清洁卫生，在运行过程中，要检查自动扶梯载客情况，严禁自动扶梯超载运行，载重量较大物品应注意要均匀分布；当发生自动扶梯运行故障时，应立即停止运行，及时通知维修人员处理。特别需要注意的是自动扶梯的启动钥匙应由专人管理。

2. 安全操作规程

自动扶梯的安全管理人员应对自动扶梯的使用安全和维保质量负责，同时按维保合同约定内容和要求的频次与期限，监督指导维保工作。

安全管理人员需每天进行自动扶梯运行的日常巡视，记录自动扶梯日常使用状况，并制订和落实自动扶梯的定检计划。在巡视过程中检查自动扶梯安全注意事项

和警示标志，确保齐全清晰，妥善保管自动扶梯钥匙。

在工作中如果接到故障报警，应立即赶赴现场，组织自动扶梯维修作业人员实施救援。发现自动扶梯运行事故隐患需要停止使用的，安全管理人员有权做出停止使用的决定，并且立即报告本单位负责人。

安全管理人员实施对自动扶梯安装、改造、维修和维保工作的监督，对维保单位的维保记录签字确认。

三、自动扶梯操作方法

为了乘客的安全，操作人员需小心操作自动扶梯，必须确保自动扶梯完全停止才能改变运行方向。停止或启动自动扶梯时，必须确保梯级上没有乘客。

1）自动扶梯启动过程，如图 2-1 所示。

2）自动扶梯停止过程，如图 2-2 所示。

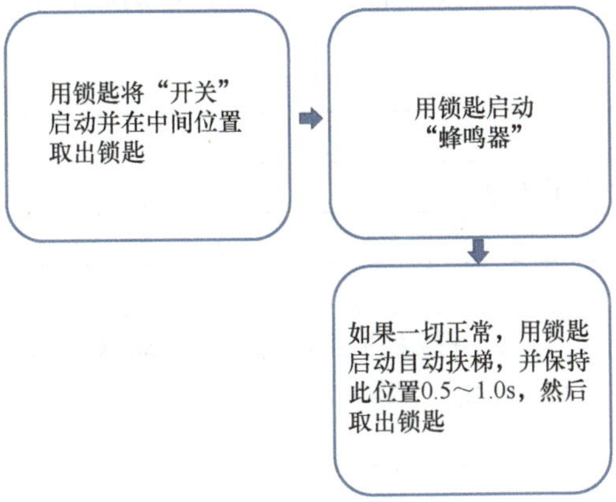

图 2-1　自动扶梯启动过程

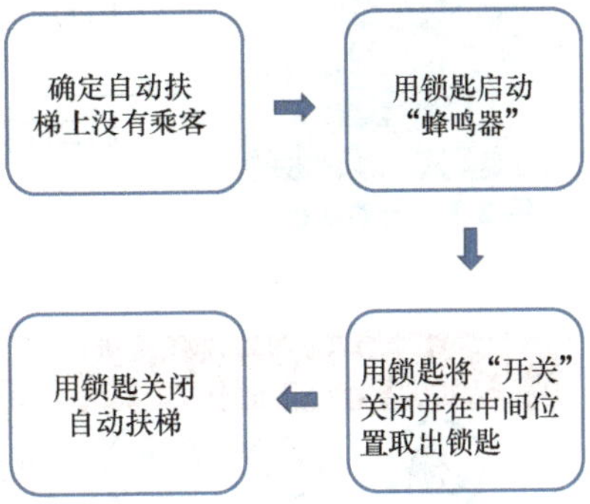

图 2-2　自动扶梯停止过程

课堂笔记

3）改变运行方向。先将自动扶梯停止运行。在自动扶梯未完全停止之前切勿改变运行方向，否则其机械结构会损坏。自动扶梯在一个方向运行达 3 个月时，应使自动扶梯更换一个方向运行。

四、地铁自动扶梯应急处理流程及措施

1. 信息报告

（1）报告流程　车站发生客伤时，车站应做好先期处置，并立即向 OCC、驻站民警、站务部汇报，并视情况拨打 120。站务部接报后向部门负责人、安全技术部及部门分管领导汇报；安全技术部向负责人及部门分管领导报告，随时做好事件发展后续汇报。达到一级客伤事故时，安全技术部需向安全保卫部汇报，并做好续报工作。

OCC（运行控制中心）接到车站上报信息后做好信息研判，达到二级及以上客伤事故（事件）时，应立即向 MMCC（地铁线网运营管理与指挥中心）报告，MMCC 向运营公司当日带班经理及带班领导报告，随时做好事件发展后续汇报。

（2）报告内容

1）发生时间、发生地点、客伤人数及人员伤亡情况。

2）客伤的原因、性质、范围、严重程度。

3）客伤可能发展的趋势、已经采取的措施，应急处置进展等。

2. 应急处理措施

自动扶梯发生乘客摔伤、挤压、被困（指乘客乘坐自动扶梯时身体部位如手指、脚被夹在梯级与围裙板或梯级与梳齿板之间等情况）、剪切及逆行事故时，如

课堂笔记

果自动扶梯尚未停止，且自动扶梯上有乘梯人员，车站站务人员应立即大声通知自动扶梯上的人员“自动扶梯即将停止，请抓紧扶手带防止跌倒”，并立即按紧急停止按钮使自动扶梯停止运行，同时立即安排有急救证的人员对伤者进行应急处置，待 120 救援人员到达后，协助 120 救治伤者。

【信息收集】

一、我们的学习任务是什么？

____

____

____

二、为顺利完成本学习任务，请按下列要求完成信息的收集。

图 2-3　启动钥匙

1. 根据图 2-3 写出自动扶梯启动位置和启动钥匙正确使用方法。

启动位置：______________________________

启动钥匙正确使用方法：______________________________

图 2-4　安全标识

2. 根据图 2-4，简述自动扶梯安全标识粘贴位置。

____

图 2-5　安全提示牌

3. 根据图 2-5，简述安全提示牌的摆放位置以及需要摆放的情况。

____

图 2-6　对讲机

4. 根据图 2-6，简述对讲机使用方法。

____

5. 根据图 2-7，简述急停按钮位置和使用方法以及在哪些情况下会使用急停按钮。

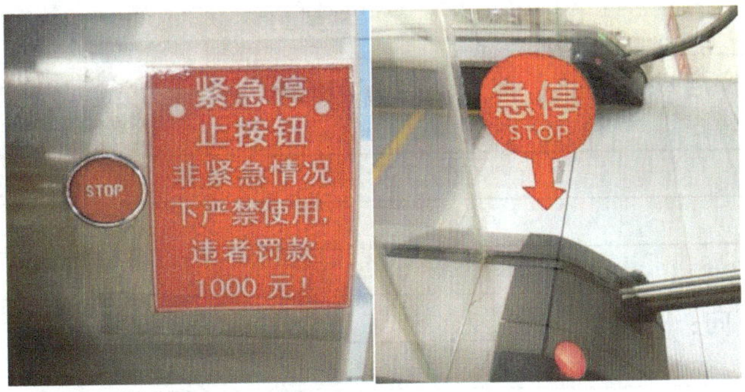

图 2-7 急停按钮

位置及使用方法：________________________________

____

需要使用急停按钮的情况：________________________________

____

____

6. 简单描述乘梯安全注意事项。

____

____

____

____

课堂笔记

【制订计划】

请根据描述的现象和任务要求，确定所需的工具和物品，并对小组成员进行合理分工，制订详细的操作计划。

1. 请在下表中选择在操作中可能用到的工具和物品（在对应的选项中打√即可）。

工具和物品名称	选择	
钥匙	□可能	□不可能
三角钥匙	□可能	□不可能
对讲机	□可能	□不可能
移动电话	□可能	□不可能
座机电话	□可能	□不可能
安全警示牌	□可能	□不可能

2. 小组成员分工：

序号	组长	观察员	操作员	备注

课堂笔记

3. 自动扶梯检查和应急处理操作计划：

1）自动扶梯日常检查事项：

2）自动扶梯启动、停止、改变运行方向的基本操作方法。

启动：

停止：

改变运行方向：

3）自动扶梯出现事故的应急处理流程：

【实施计划】

请结合本小组制订的计划，对自动扶梯事故进行应急处理，并完成下列内容的填写。

一、信息报告

1. 自动扶梯发生事故应第一时间把信息报告给：

2. 信息报告的流程是：

3. 信息报告的内容应当包括：

二、应急措施

1. 疏散乘客措施：

2. 让自动扶梯迅速停止运行的正确操作是：

3. 正确摆放安全警示牌和护栏的方式是：

【检查与控制】

观察员根据操作员的工作过程评分，具体评分细则见表 2-1。

表 2-1 自动扶梯事故应急处理考核评分表

操作时间：30min

序号	考核项目	考核内容及要求（评分要点）	配分	评分标准	扣分
1	安全操作规程	自动扶梯日常使用情况 安全警示标志检查 钥匙和安全护栏保管	20	未按要求记录，扣5分 未检查，扣5分 未按要求专人保管，扣5分	
2	自动扶梯操作	启动	30	操作错误，扣10分	
		停止		操作错误，扣10分	
		上、下行切换		操作错误，扣10分	
3	信息报告	会正确使用对讲机	20	不会正确使用，扣5分	
		报告流程		未按流程，每条扣2分	
		报告内容		漏报一项，扣2分	
4	应急处理	疏散乘客 自动扶梯紧急制动	20	操作顺序不当，扣5分 操作不及时，扣5分	
5	防护用具	正确摆放安全护栏和标志	10	摆放位置不对，不得分	
	总分		100		

观察员： 操作员： 年 月 日

【评价反馈】

1. 自我评价

我做得好的地方	我还存在这些方面的问题
□ 操作规范	□ 操作不规范
□ 处理流程熟悉	□ 处理流程不熟悉
□ 用具摆放整齐、合理	□ 用具摆放不整齐、不合理
□ 操作用时合理	□ 操作用时过长
□ 工作态度端正	□ 工作态度不够端正

2. 小组评价

我们组做到了：□ 全员参与 □ 分工明确 □ 工作高效 □ 完成了工作任务

3. 教师评价

评价内容	评价指标	等级（A/B/C）
活动态度方面	1）态度是否积极，是否主动组织或参与活动 2）与小组同学合作是否良好 3）活动是否认真、善始善终 4）是否勇于克服困难	
知识技能方面	1）查阅资料技能 2）实地观察记录能力 3）调查研究能力 4）动手操作能力	

课堂笔记

【知识巩固】

课堂笔记

一、填空题

1. 操作自动扶梯启动或停止的时候，应当确认自动扶梯上没有________。

2. 自动扶梯钥匙应当由________保管。

3. 必须保证自动扶梯________才能改变运行方向。

4. 车站如果出现自动扶梯事故，事件发现人第一时间报告给________。

5. ________是带有循环运行梯级，用于向上或向下倾斜输送乘客的固定电力驱动设备。

二、选择题

1. 自动扶梯静电刷的作用是（　　）。

A. 放静电　　B. 除尘　　C. 加油　　D. 防滑

2. 自动扶梯的扶手装置由（　　）等组成。

A. 扶手驱动系统　　B. 扶手带　　C. 栏板　　D. 梯级

3. 乘搭自动扶梯时，你认为乘搭方法正确的是（　　）。

A. 自动扶梯已有足够的安全保护功能，可以随便乘坐

B. 靠边站立握好扶手带，掌握好重心

C. 随意站立，只要做好防跌倒姿势即可

D. 跑步上自动扶梯快速通过

三、判断题

1. 自动扶梯的梯级一般固定在链条上运行，并保持上平面水平。（　　）

2. 自动扶梯由于速度较低，可不设置电气超速保护装置。（　　）

3. 自动扶梯启动后是顺方向运行，可根据情况设置防逆转保护。（　　）

4. 急停按钮一般设置在自动扶梯出/入口处。（　　）

5. 自动扶梯梳齿板保护装置是在梯级嵌入较大异物时自动停止自动扶梯运行，保护自动扶梯部件不受损坏的装置。（　　）

任务二　垂直电梯困人事故应急处理

【任务描述】

某地铁车站一台无障碍电梯因故障停止运行，通过紧急救援电话和视频监控设备发现有3名乘客被困在轿厢内，需尽快将被困乘客安全地从轿厢内救出。

【学习目标】

目标名称	目标内容
知识目标	能口述垂直电梯检查制度及安全操作规程
技能目标	学会垂直电梯基本控制操作
	能按制度参与并完成垂直电梯困人事故应急处理
	能与他人合作，进行有效沟通，能按实训室管理规定进行作业

课堂笔记

【知识准备】

一、垂直电梯概述

垂直电梯是指服务于规定楼层的固定式升降设备。它具有一个轿厢运行在至少两列垂直或倾斜角小于15°的刚性导轨之间，轿厢尺寸结构形式便于乘客出入或装卸货物。

垂直电梯按驱动方式可分为交流、直流、液压、齿轮齿条等；按用途可分为乘客、载货、医用、观光等；按速度可分为低速、中速、高速、超高速；按机房形式可分为上置、下置、侧置、有/无机房。

二、垂直电梯检查制度及安全操作规程

为保障垂直电梯日常检查和维护人员在从事其职责范围内的工作时的安全，保证垂直电梯能正常安全运行，应当牢记电梯检查制度及安全操作规程。

1. 检查制度

检查制度的主要内容包括：规定电梯日常检查和维护人员应遵守的安全操作的方法、步骤，同时需要特别注意的是电梯日常检查和维护工作不包括对电梯故障的修理工作，涉及电梯故障修理的工作应由专业单位有电梯安装、维修资格的人员担任。电梯日常检查内容按日常（月度）检查表进行，电梯日常检查、维护主要是指对整机部位的润滑，部件的检查、调整、清洗，负责营救被困在电梯轿厢内的人员等工作。

课堂笔记

由于电梯是特种设备，所以对安全管理人员及检查过程有一定的要求。首先，电梯日常检查和维护人员必须是身体健康、无妨碍本工种工作疾病的人员；同时，电梯日常检查和维护人员必须经地、市级质量技术监督部门安全监察机构的安全技术培训，考试合格后方可上岗；在检查过程中，电梯日常检查维护人员作业时必须穿戴好相应的劳动保护用品；电梯在开始进行检查和维护时，应在电梯每层厅门口设置好醒目的安全警告标志和防护栏；安全管理人员负责电梯三角钥匙的保管和使用，不能将三角钥匙转交他人。使用三角钥匙开启厅门时应看清轿厢是否停靠在本层站。

2. 安全作业规程

在电梯的日常检查和维护过程中，为了保证工作人员的安全，对作业规范及设备工具的使用有严格的要求，具体见表 2-2。

表 2-2　安全作业要求

作业内容	作业要求
试车作业	电梯在进行检查和维护或在试车过程中，不得载客或载货，禁止非工作人员进入检查区域
清洁作业	电梯在进行检查、维护、清洁工作时应把机房内的电源开关断开，并切断轿厢内的安全开关
井道作业	电梯在进行井道检查、维护时所用便携式照明灯具必须采用 36V 以下的安全电压，且应有防护罩
轿厢底部及底坑作业	电梯在对轿底装置和底坑进行检查和维护时，应首先检查制动器的可靠性，切断底坑内电梯的安全回路，方可开展工作。底坑、机房、轿顶不得同时作业
轿厢顶部作业	在轿顶作业时应合上检修开关。在轿顶须停车较长时间维护时应断开轿顶急停开关，严禁一脚站在厅门口，一脚站在轿顶或轿厢内长时间工作。严禁开启厅门探身到井道内或在轿顶探身到另一井道检查电梯。在轿顶进行检查或维护时电梯只能检修运行

电梯在维护和检查时必须设有监护人员，监护人员的职责是采取措施保护检查人员的安全，在紧急情况下应切断电源并呼救，工作完毕后负责清理场地，不准留下工具零件。监护人员可由电梯驾驶人员或日常检查、维护人员担任，并保持相互呼应。

三、电梯困人事故应急处理

电梯在使用过程中可能会出现故障，导致电梯停留在井道中的非平层位置，把乘客困在轿厢内，电梯使用单位及维保单位的电梯安全管理人员及维修人员应保证能安全、快速地将乘客从轿厢内救出，再对电梯故障进行恢复。电梯故障的应急处理流程如图 2-8 所示。

【信息收集】

一、我们的学习任务是什么？

____

____

____

二、为顺利完成本学习任务，请按下列要求完成信息的收集。

1. 根据图 2-9 简单说明电梯钥匙管理制度，厅门三角钥匙使用方法，锁梯钥匙使用方法。

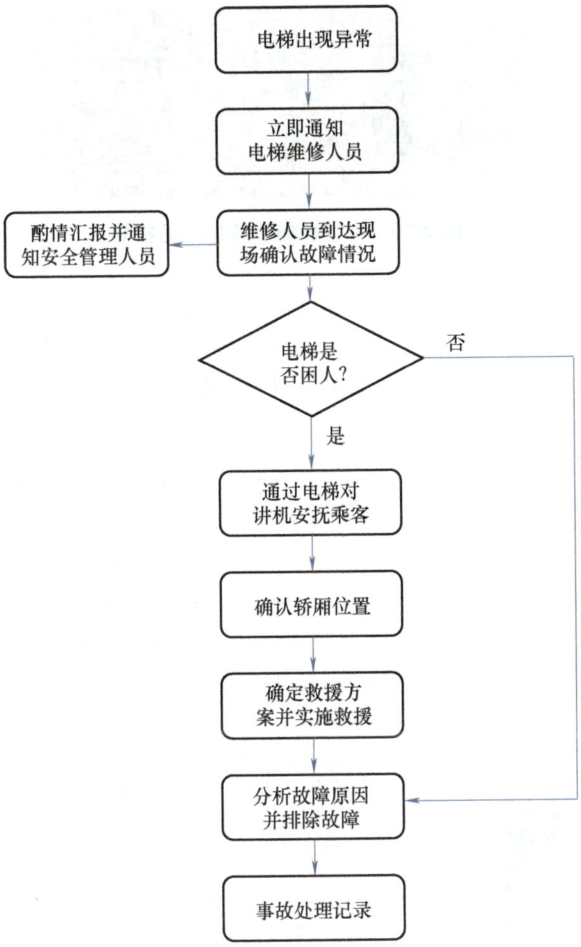

图 2-8 电梯故障的应急处理流程

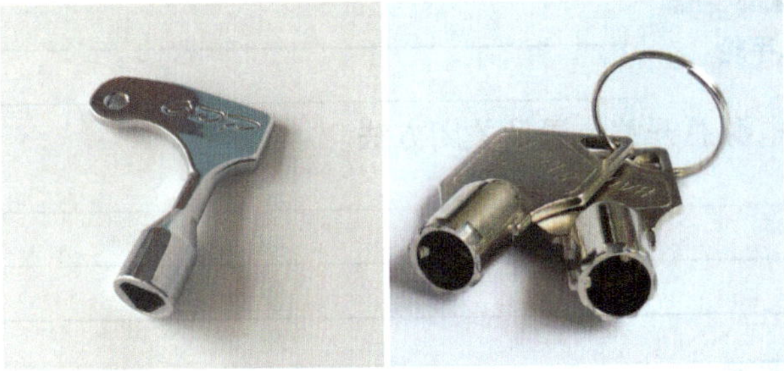

图 2-9 三角钥匙和锁梯钥匙

课堂笔记

电梯钥匙管理制度：________________

____

____

三角钥匙使用方法：________________

____

锁梯钥匙使用方法：________________

____

2. 根据图 2-10，说明报警按钮和应急通话按钮位置及使用方法。

位置：________________

课堂笔记

图 2-10　报警按钮和应急通话按钮

使用方法：____

____

图 2-11　外呼面板

3. 根据图 2-11，说明电梯出现故障时，外呼面板显示情况。

____

图 2-12　盘车手轮

4. 根据图 2-12，简述盘车手轮作用及使用方法。

____

5. 说明电梯电源总开关位置及关闭方法。

____

【制订计划】

请根据描述的现象和任务要求，确定所需的工具和物品，并对小组成员进行合理分工，制订详细的操作计划。

1. 请在下表中选择在操作中可能用到的工具和物品（在对应的选项中打√即可）。

工具和物品名称	选择	
启动钥匙	□可能	□不可能
三角钥匙	□可能	□不可能

（续）

工具和物品名称	选择	
锁梯钥匙	□可能	□不可能
机房钥匙	□可能	□不可能
移动电话	□可能	□不可能
座机电话	□可能	□不可能
安全警示牌	□可能	□不可能
盘车手轮	□可能	□不可能

2. 小组成员分工：

序号	组长	观察员	操作员	备注

3. 垂直电梯检查和应急处理操作计划：

1）垂直电梯日常检查内容。

① 报警装置、____________________是否有效。

② 安全检查合格标志____________________。

③ 机房______________、室内温度无异常，________________是否锁闭。

④ ____________________有无异常振动或噪声。

⑤ 呼叫面板____________________是否有效。

2）垂直电梯出现困人事故的应急处理流程：______________________________

____

____

【实施计划】

请结合本小组制订的计划，对电梯困人事故进行应急处理，并完成下列内容的填写。

1. 值班室接到报警

值班室接到电梯内乘客报警电话后，应当告知乘客的内容有：______________

____

____

2. 情况通报

1）垂直电梯发生事故时应第一时间把情况通报给：______________________

____

2）情况通报的流程是：____

____

3）情况通报的内容应当包括：____

____

课堂笔记

课堂笔记

3. 应急措施

1）在实施救援之前，应当切断电梯____________，防止电梯意外启动。

2）如果电梯轿厢位置在两层楼中间，应当使用____________让电梯停靠在____________，再使用____________将电梯厅门打开。

【检查与控制】

观察员根据操作员的工作过程评分，具体评分细则见表 2-3。

表 2-3 电梯困人事故应急处理考核评分表

操作时间：30min

序号	考核项目	考核内容及要求（评分要点）	配分	评分标准	扣分
1	检查制度及操作规程	电梯日常检查 三角钥匙及防护用具专人保管	20	未按要求检查，扣 5 分 未按要求保管，扣 5 分	
2	报警电话	轿厢内报警电话使用	30	操作错误，扣 5 分	
		值班室报警电话接听		未及时接听，扣 10 分	
		值班室和轿厢有效沟通		不能有效沟通，扣 5 分	
3	情况通报	及时联系相关维修人员	20	未及时联系相关维修人员，扣 5 分	
		按流程通报给相关管理人员		未按流程通报，扣 5 分	
4	切断电梯主电源	正确操作断开电源	10	未正确断开，不得分	
5	盘车手轮使用	正确操作盘车手轮让轿厢到达平层位置	10	使用方法不正确，扣 5 分 未到达平层位置，扣 2 分	
6	三角钥匙使用	用电梯三角钥匙打开厅门	10	厅门无法打开，扣 5 分	
总分			100	得分	

观察员：　　　　操作员：　　　　年　月　日

【评价反馈】

1. 自我评价

我做得好的地方	我还存在这些方面的问题
□ 动作准确	□ 动作不到位
□ 工具使用规范	□ 工具使用不规范
□ 零件摆放整齐	□ 工具摆放不整齐
□ 操作用时合理	□ 操作用时过长
□ 工作态度端正	□ 工作态度不够端正

2. 小组评价

我们组做到了：□ 全员参与　□ 分工明确　□ 工作高效　□ 完成了工作任务

3. 教师评价

评价内容	评价指标	等级（A/B/C）
活动态度方面	1）态度是否积极，是否主动组织或参与活动 2）与小组同学合作是否良好 3）活动是否认真、善始善终 4）是否勇于克服困难	
知识技能方面	1）查阅资料技能 2）实地观察记录能力 3）调查研究能力 4）动手操作能力	

【知识巩固】

一、选择题

1. 电梯是服务于（　　）的固定设备。

A. 固定楼层　　B. 规定楼层　　C. 规定高度　　D. 规定建筑

2. 电梯机房中应设有总电源开关，并且应是（　　）。

A. 每台电梯装一个　　B. 两台电梯共享一个

C. 多台电梯共享一个　　D. 所有电梯合用

3. 电梯的基本构造分为机房、井道、轿厢和（　　）四大部分。

A. 曳引机　　B. 安全装置　　C. 层（厅）站　　D. 地坑

4. 当电梯客流量大时，发现厅门电锁失灵，应采取的措施是（　　）。

A. 用应急按钮慢速开动电梯临时服务，等输送完乘客后立即报修

B. 停止运行，通知检修人员检修

C. 减少载客人数，用应急按钮慢速开动

D. 等待救援

5. 电梯的维护是为了减少零件磨损，防止早期损坏，减少在运行中发生故障而进行的（　　）维护。

A. 临时性　　B. 突击性　　C. 预防性　　D. 短时性

6. 在机房盘车救人时，应断开（　　）。

A. 总电源开关　　B. 照明开关　　C. 门联锁开关　　D. 消防开关

7. 电梯最容易发生事故的部位是（　　）。

A. 机房　　B. 厅门口　　C. 轿顶　　D. 地坑

二、判断题

1. 电梯按速度不同分类可分为高速梯、中速梯和慢速梯三类。（　　）

2. 电梯的基本规格有：额定载重量，单位为 kg；额定速度，单位为 m/s。（　　）

3. 每层站上除了有厅门、层站指示灯外，还有 2 个召唤按钮。（　　）

4. 电梯轿厢未停，不可开启轿门和厅门供乘客出入。（　　）

5. 乘坐电梯时如果被困轿厢，应想办法尽快打开轿门逃生。（　　）

课堂笔记

课堂笔记

任务三 自动扶梯维护检修

【任务描述】

某地铁车站自动扶梯到了修程规定的检修期限，需要按要求在地铁停运后对自动扶梯进行双周检。

【学习目标】

目标名称	目标内容
知识目标	能口述自动扶梯各结构名称和工作原理
	能够说明自动扶梯基本维护检修周期、内容及标准
技能目标	会使用常用检修工具
	能按标准和要求对自动扶梯进行维护、检修
	能与他人合作，进行有效沟通，能按实训室管理规定进行作业

【知识准备】

一、自动扶梯构造

1. 自动扶梯基本参数

自动扶梯的基本参数主要包括提升高度、名义宽度、额定速度、倾斜角和最大输送能力。

1）提升高度：自动扶梯进出口两楼层板之间的垂直距离称为自动扶梯的提升高度。

2）名义宽度：自动扶梯的名义宽度是指梯级宽度的公称尺寸，规定不应小于580mm，且不超过1100mm，通常有600mm、800mm和1000mm三种规格。

3）额定速度（v）：自动扶梯在空载情况下的运行速度即为额定速度。

4）倾斜角（α）：梯级运行方向与水平面构成的最大角度即自动扶梯的倾斜角。自动扶梯的标准倾斜角是27.3°、30°或35°，其中35°的倾斜角只用于提升高度≤6m且$v\leq 0.5$m/s的场合；倾斜角决定了自动扶梯两梯级之间的高度差（30°对应200mm，35°对应230mm）。

5）最大输送能力：自动扶梯每小时最大输送的人数。

2. 自动扶梯总体结构

自动扶梯总体结构如图2-13所示。

（1）桁架　自动扶梯桁架的作用在于安装和支承自动扶梯的各个部件，承受各

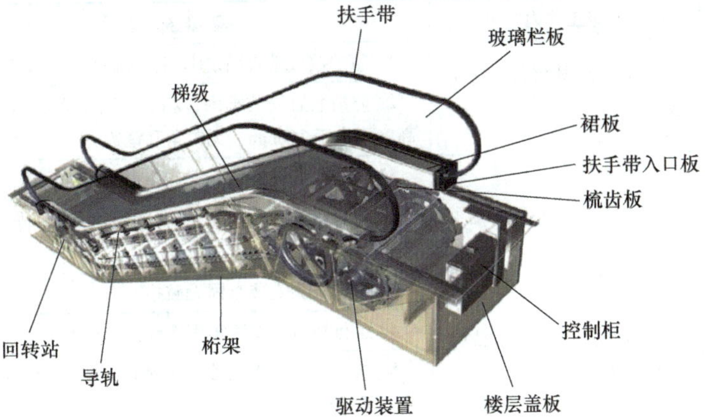

图 2-13 自动扶梯总体结构

种载荷以及将建筑物两个不同层高的地面连接起来。

（2）驱动装置 驱动装置的作用是将动力传递给梯路及扶手系统，是自动扶梯的动力源。

（3）运载系统 自动扶梯运载系统由梯级、牵引构件、梯路导轨系统、梳齿前沿板等组成。自动扶梯运行时，梯级链将驱动主机的动力传送给梯级，使梯级沿着梯路导轨系统运行，安全快速运输乘客。

（4）扶手装置 扶手装置是与梯级以相同速度（速度差在 0~+2%）运动的，供乘客扶手的部件。扶手装置由扶手带、扶手带驱动装置、护壁板、扶手支架及导轨、扶手带张紧装置、围裙板、内盖板、外盖板等组成。

（5）安全保护装置 自动扶梯安全保护装置主要包括：扶手带入口安全保护装置、扶手带断带安全保护装置、扶手带去静电装置、扶手带同步检测装置、梯级塌陷安全保护装置、梳齿板安全保护装置、裙板安全保护装置、裙板防接触装置、梯级链断裂安全保护装置、梯级缺失探测器、驱动链断链保护装置、电机超速检测装置、楼层盖板保护装置、急停开关、电动机过载保护装置。

（6）自动润滑系统 机械零件经相对运动摩擦后会产生大量热量，如果不采取措施，久而久之，会造成机件严重磨损，破坏设备的结构性能。配备自动加油润滑装置，可以减少机件摩擦产生的热量，降低运行噪声，延长使用寿命。

二、自动扶梯检修维护规程

自动扶梯设备检修周期及内容明细表见表 2-4。

表 2-4 自动扶梯设备检修周期及内容明细表

序号	修程	检修工作内容	检 修 标 准	周期
1	周巡	1. 检查卫生情况	1. 扶手带、梯级、梳齿板、上下盖板表面、踏板缝隙无污垢、垃圾等	每周
			2. 梯级齿及梳齿间无石子、螺钉等异物	
		2. 检查安全标识、安全合格证、急停按钮、警示牌及故障报修电话	1. 安全标识齐全，粘贴牢固	
			2. 安全合格证在有效期内，粘贴牢固无破损	
			3. 端部、中间急停按钮完好，警示牌粘贴牢固无破损	
			4. 故障报修电话清晰，标识粘贴牢固无破损	

课堂笔记

课堂笔记

（续）

序号	修程	检修工作内容	检修标准	周期
1	周巡	3. 检查防护挡板、防滑装置	1. 防护挡板垂直固定牢固，无破损，无锐利边缘	每周
			2. 防滑装置安装牢固，相邻距离不大于 1800mm，高度不小于 100mm，无锐角和锐边	
		4. 检查并调整自动扶梯外观部件	1. 梯级表面无断齿、无破损、无较大刮痕	
			2. 梳齿板安装位置适当，无连续断齿、固定螺栓无缺失	
			3. 钥匙开关安装牢固无破损	
			4. 运行指示灯安装牢固无破损，指示正常	
			5. 扶手带表面无刮痕、无裂口；扶手带运行无异响、无抖动	
			6. 内护板安装牢固，表面平整无挂拽现象，相邻间隙不大于 4mm	
			7. 上下盖板平整，固定螺钉无缺失	
			8. 裙板及扶手带入口毛刷完整，固定牢固	
		5. 检查故障显示器	故障显示器安装牢固，表面无破损，显示正常。若有故障码显示，请按照故障处理流程处理	
		6. 检查自动扶梯运行情况	1. 确认自动扶梯运行声音是否正常，有无异响	
			2. 乘坐自动扶梯，梯级运行应平稳，扶手带运行应同步	
			3. 节能模式正确开启	
			4. 语音播报正确清晰、音量适中	
2	双周检	1. 电器部件	清洁，接线紧固	每两周
		2. 故障显示板	信号功能正常	
		3. 设备运行状况	正常，没有异常声响和抖动	
		4. 主驱动链	运转正常，电气安全保护装置动作有效	
		5. 制动器机械装置	清洁，动作正常	
		6. 制动器状态检测开关	工作正常	
		7. 减速机润滑油	油量适宜，无渗油	
		8. 电机通风口	清洁	
		9. 检修控制装置	工作正常	
		10. 自动润滑油罐油位	油位正常，润滑系统工作正常	
		11. 梳齿板开关	工作正常	
		12. 梳齿板照明	照明正常	
		13. 梳齿板梳齿与踏板面齿槽、导向胶带	梳齿板完好无损，梳齿板梳齿与踏板面齿槽、导向胶带啮合正常	
		14. 梯级或者踏板下陷开关	工作正常	
		15. 梯级链张紧开关	位置正确，动作正常	
		16. 防护挡板	有效，无破损	
		17. 梯级滚轮、梯级导轨	工作正常	
		18. 梯级、踏板与围裙板之间的间隙	任何一侧的水平间隙及两侧间隙之和符合标准值	
		19. 运行方向显示	工作正常	

（续）

序号	修程	检修工作内容	检修标准	周期
2	双周检	20. 扶手带入口处保护开关	动作灵活可靠，清除入口处垃圾	每两周
		21. 扶手带	表面无毛刺，无机械损伤，运行无摩擦	
		22. 扶手带运行	速度正常	
		23. 扶手护壁板	牢固可靠	
		24. 上下出入口处的照明	工作正常	
		25. 上下出入口和自动扶梯之间的保护栏杆	牢固可靠	
		26. 出入口安全警示标志	齐全，醒目	
		27. 分离机房，各驱动和转向站	清洁，无杂物	
		28. 自动运行功能	工作正常	
		29. 紧急停止开关	工作正常	
		30. 梯级或者踏板缺失监测装置	工作正常	
		31. 超速或非操纵运转监测装置	工作正常	
		32. 检修盖板和楼层板	防倾覆或者翻转措施和监控装置有效、可靠	
		33. 驱动主机的固定	牢固可靠	
3	季检	1. 同双周检内容		每季
		2. 扶手带的运行速度	相对于梯级、踏板或者胶带的速度，允差为 0~+2%	
		3. 梯级链张紧装置	工作正常	
		4. 梯级轴衬	润滑有效	
		5. 梯级链润滑	运行工况正常	
		6. 防灌水保护装置	动作可靠（雨季到来之前必须完成）	
4	年检	1. 同季检内容		每年
		2. 主接触器	工作正常	
		3. 主机速度检测功能	工作正常，清洁感应面，感应间隙符合制造单位要求	
		4. 电缆	无破损，固定可靠	
		5. 扶手带托轮、滑轮群、防静电轮	清洁，无损伤，托轮转动平滑	
		6. 扶手带内侧凸缘处	无损伤，清洁扶手导轨滑动面	
		7. 扶手带断带保护开关	功能正常	
		8. 扶手带导向块和导向轮	清洁，工作正常	
		9. 进入梳齿板处的梯级与导轮的轴向窜动量	符合标准	
		10. 内外盖板连接	紧密牢固，连接处的凸台、缝隙符合标准	
		11. 围裙板安全开关	测试有效	
		12. 围裙板对接处	紧密平滑	
		13. 电气安全装置	动作可靠	
		14. 设备运行状况	正常，梯级平稳运行，无异常抖动，无异响	

课堂笔记

【信息收集】

课堂笔记

一、我们的学习任务是什么？

二、为顺利完成本学习任务，请按下列要求完成信息的收集。

1. 根据图 2-14 简单说明自动扶梯各结构名称及作用。

结构名称及作用：

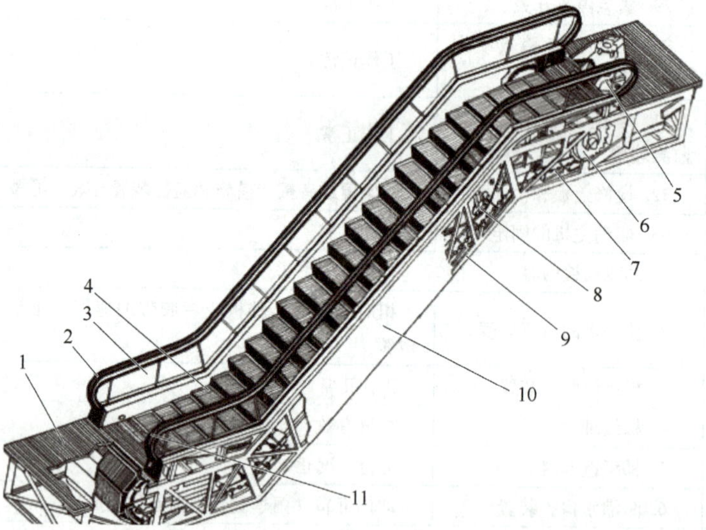

图 2-14 自动扶梯

2. 简述自动扶梯的工作原理。

3. 简述自动扶梯维护检修需要用到的常用工具及材料。

4. 简述自动扶梯各个安全保护装置的作用。

【制订计划】

请根据描述的现象和任务要求，确定所需的工具和物品，并对小组成员进行合理分工，制订详细的操作计划。

1. 请在下表中选择在操作中可能用到的工具和物品（在对应的选项中打√即可）。

工具和物品名称	选择	
启动钥匙	□可能	□不可能
三角钥匙	□可能	□不可能
锁梯钥匙	□可能	□不可能
安全警示牌	□可能	□不可能
万用表	□可能	□不可能
一字螺钉旋具	□可能	□不可能
十字螺钉旋具	□可能	□不可能
尖嘴钳	□可能	□不可能
斜口钳	□可能	□不可能
活动扳手	□可能	□不可能
内六角扳手	□可能	□不可能
胶布	□可能	□不可能
砂纸	□可能	□不可能
排刷	□可能	□不可能
润滑油	□可能	□不可能

2. 小组成员分工：

序号	组长	观察员	操作员	备注

3. 自动扶梯维护检修操作计划：

1）自动扶梯梳齿板的拆装方法：________________

2）自动扶梯楼层盖板的打开方法：________________

3）自动扶梯梯级的拆装方法：________________

4）自动扶梯润滑油加注方法：________________

5）自动扶梯电气装置清洁方法：________________

课堂笔记

【实施计划】

课堂笔记

请结合本小组制订的计划，进行自动扶梯维护检修，并完成下列内容的填写。

1. 进行维护检修之前需要做的准备工作包括：____

2. 自动扶梯安全标识应当________，粘贴________；安全合格证在________内，粘贴牢固无破损；端部、中间________，警示牌粘贴牢固无破损。

3. 在检查并调整自动扶梯外观部件的过程中，梯级表面应无断齿、无________、无________；________梳齿板安装位置适当，无连续________、固定螺栓________；扶手带表面________、无________。

4. 检查自动扶梯运行情况时，应当确认自动扶梯运行声音________，有无________；乘坐自动扶梯，梯级运行应________，扶手带运行应________。

5. 检修过程中，自动扶梯电器部件应当__________；主驱动链应当运转正常，电气保护装置__________；自动润滑油罐油位__________，润滑系统工作正常。扶手带入口处保护开关动作________，清除入口处________。

【检查与控制】

观察员根据操作员的工作过程评分，具体评分细则见表 2-5。

表 2-5 自动扶梯维护检修考核评分表

操作时间：30min

序号	考核项目	考核内容及要求 （评分要点）	配分	评分标准	扣分
1	检修前准备	周围环境检查确认 安全防护措施	10	未按要求检查，扣 5 分 未按要求设置安全防护，扣 5 分	
2	检修内容	双周检工作内容	40	一项未做，扣 2 分	
3	检修标准	双周检检修标准	40	未按标准操作，每项扣 2 分	
4	检修结束后 收尾工作	整理检修工具及材料 恢复环境及设备	10	未按要求整理或恢复，扣 5 分	
总分			100	得分	

观察员：　　　　　　　　操作员：　　　　　　　　年　月　日

【评价反馈】

1. 自我评价

我做得好的地方	我还存在这些方面的问题
☐ 动作准确	☐ 动作不到位
☐ 工具使用规范	☐ 工具使用不规范
☐ 设备操作得当	☐ 设备操作不得当
☐ 操作用时合理	☐ 操作用时过长
☐ 工作态度端正	☐ 工作态度不够端正

2. 小组评价

我们组做到了：□ 全员参与　□ 分工明确　□ 工作高效　□ 完成了工作任务

3. 教师评价

评价内容	评价指标	等级（A/B/C）
活动态度方面	1）态度是否积极，是否主动组织或参与活动 2）与小组同学合作是否良好 3）活动是否认真、善始善终 4）是否勇于克服困难	
知识技能方面	1）查阅资料技能 2）实地观察记录能力 3）调查研究能力 4）动手操作能力	

【知识巩固】

一、判断题

1. 梯级向上运行时，梯级主轮在前，梯级辅轮在后。（　　）
2. 梯级踏面两端提供黄色标记是提醒乘客防夹。（　　）
3. 自动扶梯的驱动主机放在下端是一种较好的方案。（　　）

二、简答题

1. 自动扶梯有哪几个主要的技术参数？

2. 自动扶梯上应有哪些必需的机械和电气安全装置？

课堂笔记

课堂笔记

任务四 垂直电梯维护检修

【任务描述】

某地铁车站垂直电梯到了修程规定的检修期限，需要按要求在地铁停运后对垂直电梯进行双周检。

【学习目标】

目标名称	目标内容
知识目标	能口述垂直电梯各结构名称和工作原理
	能够说明垂直电梯基本维护检修周期、内容及标准
技能目标	会使用常用检修工具
	能按标准和要求对垂直电梯进行维护、检修
	能与他人合作，进行有效沟通，能按实训室管理规定进行作业

【知识准备】

一、垂直电梯构造

1. 垂直电梯总体结构

垂直电梯总体结构主要包括控制柜、曳引机、限速器、轿厢、门机系统、轿厢导轨、对重导轨、随行电缆、对重、补偿链、厅门、缓冲器、张紧轮等，具体如图 2-15 所示。

按系统来划分可以分为曳引系统、导向系统、轿厢、门系统、重量平衡系统、电力拖动系统、电气控制系统和安全保护系统，见表 2-6。

表 2-6 电梯系统结构划分

系　统	功　能	主要构件与装置
曳引系统	输出与传递动力，驱动电梯运行	曳引机、曳引钢丝绳、导向轮、反绳轮等
导向系统	限制轿厢和对重的活动自由度	导轨、导轨支架
轿厢	用以运送乘客和货物的组件	轿架、轿厢体
门系统	乘客或货物的进出口，运行时厅门、轿门必须封闭，到站时才能打开	轿门、厅门、门机、门锁

（续）

系　统	功　能	主要构件与装置
重量平衡系统	相对平衡轿厢重量以及补偿高层电梯中曳引绳长度的影响	对重、补偿链
电力拖动系统	提供动力，对电梯实行速度控制	电动机、供电系统、速度反馈装置、调速装置等
电气控制系统	对电梯的运行实施操纵和控制	控制柜、平层装置、操纵箱、召唤盒、操纵装置
安全保护系统	保证电梯安全使用，防止一切危及人身安全的事故发生	限速器、安全钳、缓冲器、端站保护装置、超速保护装置、断相错相保护装置、上下极限保护装置、门锁联锁装置

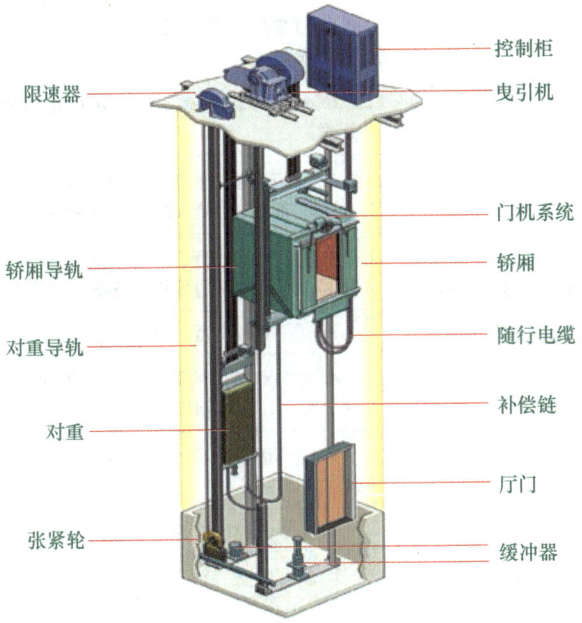

图 2-15　垂直电梯总体结构

2. 电梯型号含义

电梯型号含义如图 2-16 所示。

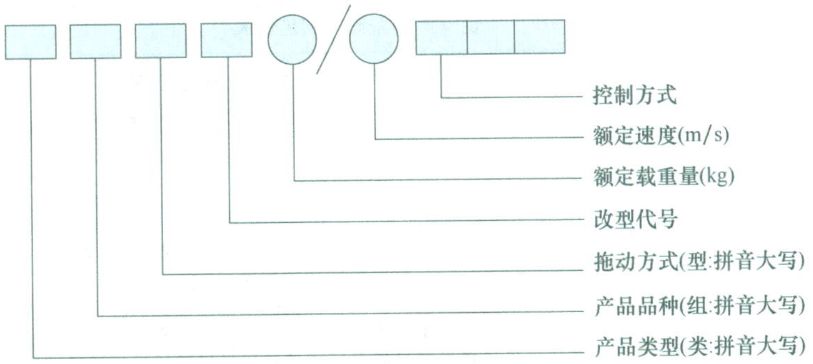

图 2-16　电梯型号含义

例：TKJ1000/2.5-JXW 的含义为交流调速乘客电梯，载重量为 1000kg，速度为 2.5m/s，微机集选控制。

THY1000/0.63-AZ 的含义为液压货梯，载重量为 1000kg，速度为 0.63m/s，按钮控制。

课堂笔记

二、垂直电梯检修维护规程

课堂笔记

垂直电梯检修维护规程见表 2-7。

表 2-7　垂直电梯检修维护规程

序号	修程	检修工作内容	检 修 标 准	周期
1	周巡	1. 检查各层厅门外部件	1. 基站钥匙开关外观完好，动作可靠	每周
			2. 消防报警开关外观完好	
			3. 控制柜外观无破损、变形，锁闭有效	
			4. 各层厅外呼梯盒外观无破损，安装牢固，按钮动作有效，楼层显示器显示正常	
			5. 各层厅门外无妨碍通行和安全的杂物、积水、油渍等	
			6. 观察厅门层显正确显示楼层信息，指示方向正确	
		2. 检查门系统状态	1. 厅门外装饰板安装牢固，无变形翘曲现象，与土建装饰面结合处无缝隙，密封良好	
			2. 轿门和各层厅门外观完整，表面无异常凹陷和突起，厅门及轿门地坎无变形，沟槽内无异物	
			3. 轿门地坎与厅门地坎过渡平缓，无高度差	
			4. 厅门和轿门的开、关门动作顺畅、平稳，无异响、振动，门体动作到位，无撞击	
		3. 检查轿门光幕状态	1. 光幕固定牢固，接线良好无锈蚀，光幕表面无灰尘、污垢等	
			2. 光幕防障碍物探测功能及防夹功能正常	
		4. 检查轿厢内部件	1. 轿厢内壁、轿顶、地板外观整洁，无破损、无凹痕、无裂缝、无翘曲现象；轿厢内扶手安装牢固	
			2. 轿厢内主副操纵盘固定牢固，按钮动作有效，楼层显示器显示正常	
			3. 轿厢照明和应急照明灯具固定牢固，点亮正常，无闪烁、变暗等现象	
			4. 轿厢通风系统工作正常，风机运行过程中无不良噪声和振动，满足通风要求	
		5. 检查电梯运行状态	1. 轿厢内报警装置和五方对讲装置安装牢固，外观无破损，可实现与车站控制室的清晰通话	
			2. 电梯平层准确，运行平稳，启动、运行、停止时无异响、无振动和碰撞	
			3. 语音报站功能正常，声音准确、清晰、连贯；报站内容与电梯停层站名一致	
			4. 电梯在直梯井道内运行顺畅，井道内壁、底坑干燥，无积水、无异物	
		6. 检查标识	1. 乘梯安全须知内容全面，张贴牢固	
			2. 电梯安全合格证无丢失，日期涵盖检查日期	
			3. 腰线、防夹标识等其余服务标识完善，字体清晰，图形准确；磨砂膜张贴紧密，无翘起、脱落	
			4. 故障报修电话标识完善、无破损	

（续）

序号	修程	检修工作内容	检修标准	周期
2	双周检	1. 机房、滑轮间环境	清洁，门窗完好，照明正常	每两周
		2. 手动紧急操作装置	齐全，在指定位置	
		3. 驱动主机	运行时无异常振动和异常声响	
		4. 制动器各销轴部位	动作灵活	
		5. 制动器间隙	打开时制动衬片与制动轮不应发生摩擦，间隙值符合要求	
		6. 制动器作为轿厢意外移动保护装置制停子系统时的自监测	制动力人工方式检测符合使用维护说明书要求；制动力自监测系统有记录	
		7. 编码器	清洁，安装牢固	
		8. 限速器各销轴部位	润滑，转动灵活；电气开关正常	
		9. 厅门和轿门旁路装置	工作正常	
		10. 紧急电动运行	工作正常	
		11. 轿顶	清洁，防护栏安全可靠	
		12. 轿顶检修开关、停止装置	工作正常	
		13. 导靴上油杯	吸油毛毡齐全，油量适宜，油杯无泄漏	
		14. 对重/平衡重块及其压板	对重/平衡重块无松动，压板紧固	
		15. 井道照明灯	齐全，正常	
		16. 轿厢照明灯、风扇、应急照明灯	工作正常	
		17. 轿厢检修开关、停止装置	工作正常	
		18. 轿内报警装置、对讲系统	工作正常	
		19. 轿内显示、指令按钮 IC 卡系统	齐全、有效	
		20. 轿门防撞击保护装置（安全触板，光幕、光电等）	功能有效	
		21. 轿门门锁电气触点	清洁，触点接触良好，接线可靠	
		22. 轿门运行	开启和关闭工作正常	
		23. 轿厢平层精度	符合标准值	
		24. 层站召唤、层楼显示	齐全、有效	
		25. 厅门地坎	清洁	
		26. 厅门自动关门装置	正常	
		27. 厅门门锁自动复位	用厅门钥匙打开手动开锁装置释放后，厅门门锁能自动复位	
		28. 厅门门锁电气触点	清洁，触点接触良好，接线可靠	
		29. 厅门锁紧元件啮合长度	不小于 7mm	
		30. 底坑环境	清洁，无渗水、积水；照明正常	
		31. 底坑停止装置	工作正常	

课堂笔记

课堂笔记

（续）

序号	修程	检修工作内容	检修标准	周期
3	季检	1. 同双周检内容		每季
		2. 减速机润滑油	油量适宜，除蜗杆伸出端外均无渗漏	
		3. 制动衬片	清洁，磨损量未超过制造单位要求	
		4. 编码器	工作正常	
		5. 选层器动静触点	清洁，无烧蚀	
		6. 曳引轮槽、悬挂装置	清洁，钢丝绳无严重油腻，张力均匀，符合制造单位要求	
		7. 限速器轮槽、限速器钢丝绳	清洁，无严重油腻	
		8. 靴衬、滚轮	清洁，磨损量不超过制造单位要求	
		9. 轿门验证关闭的电气安全装置	工作正常	
		10. 厅门、轿门系统中传动钢丝绳、链条、传动带	按制造单位要求进行清洁、调整	
		11. 厅门门导靴	磨损量不超过制造单位要求	
		12. 耗能缓冲器	电气安全装置功能有效，油量适宜，柱塞无锈蚀	
		13. 限速器张紧轮装置和电气安全装置	工作正常	
4	年检	1. 同季检内容		每年
		2. 减速机润滑油	按制造单位要求适时更换，保证油质符合要求	
		3. 控制柜接触器、继电器触点	接触良好	
		4. 制动器铁心（柱塞）	进行清洁、润滑、检查，磨损量不超过制造单位的要求	
		5. 制动器制动能力	制动器制动能力符合制造单位要求，保持有足够的制动力	
		6. 导电电路绝缘性能测试	符合标准	
		7. 限速器安全钳联动试验（对于使用年限不超过15年的限速器，每2年进行一次限速器动作速度校验；对于使用年限超过15年的限速器，每年进行一次限速器动作速度校验）	工作正常	
		8. 上行超速保护装置（限速器）动作试验	工作正常	
		9. 轿厢意外移动保护装置动作试验	轿厢意外移动保护装置动作试验、手动或自动制动力矩试验时，结果符合要求	
		10. 轿顶、轿厢架、轿门及其附件安装螺栓	紧固	
		11. 轿厢和对重/平衡重的导轨支架	固定、无松动	

（续）

序号	修程	检修工作内容	检修标准	周期
4	年检	12. 轿厢和对重/平衡重的导轨	清洁，压板牢固	每年
		13. 随行电缆	无损伤	
		14. 厅门装置和地坎	无影响正常使用的变形，各安装螺栓紧固	
		15. 轿厢称重装置	准确有效	
		16. 安全钳及钳座	固定，无松动	
		17. 轿底各安装螺栓	紧固	
		18. 缓冲器	固定，无松动	

【信息收集】

一、我们的学习任务是什么？

______

二、为顺利完成本学习任务，请按下列要求完成信息的收集。

1. 根据图 2-17 简单阐述部件的名称及作用。

______

2. 根据图 2-18 简单阐述部件的名称及作用。

______

3. 根据图 2-19 简单阐述部件的名称及作用。

______

课堂笔记

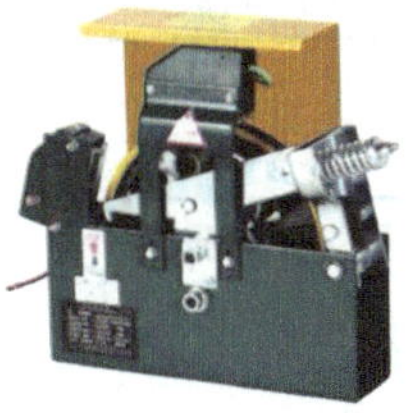

图 2-17

图 2-18

图 2-19

课堂笔记

4. 根据图 2-20 简单阐述部件的名称及作用。

图 2-20

5. 简述垂直电梯的工作原理。

6. 简述垂直电梯维护检修需要用到的常用工具及材料。

【制订计划】

请根据描述的现象和任务要求，确定所需的工具和物品，并对小组成员进行合理分工，制订详细的操作计划。

1. 请在下表中选择在操作中可能用到的工具和物品（在对应的选项中打√即可）。

工具和物品名称	选择	
启动钥匙	□可能	□不可能
三角钥匙	□可能	□不可能
锁梯钥匙	□可能	□不可能
机房钥匙	□可能	□不可能
安全警示牌	□可能	□不可能
万用表	□可能	□不可能
一字螺钉旋具	□可能	□不可能
十字螺钉旋具	□可能	□不可能
尖嘴钳	□可能	□不可能
斜口钳	□可能	□不可能
活动扳手	□可能	□不可能
内六角扳手	□可能	□不可能
胶布	□可能	□不可能
砂纸	□可能	□不可能
排刷	□可能	□不可能
润滑油	□可能	□不可能

2. 小组成员分工：

序号	组长	观察员	操作员	备注

3. 垂直电梯维护检修操作计划：

1）机房作业时的注意事项：____

____

____

____

2）轿顶作业时的注意事项：____

____

____

____

3）底坑作业时的注意事项：____

____

____

____

【实施计划】

请结合本小组制订的计划，进行自动扶梯维护检修，并完成下列内容的填写。

1. 进行维护检修之前需要做的准备工作包括：________________________________

____

____

2. 在检查的过程中厅门和轿门的开、关门动作应______、________，无________，门体动作到位，无撞击。

3. 轿厢通风系统应工作正常，风机运行过程中无________和________，满足通风要求。

4. 轿厢内报警装置和__________对讲装置安装牢固，外观无破损，可实现与车站控制室的清晰通话。

5. 机房应当环境清洁，门窗完好，________正常。

6. 限速器各销轴部进行________，转动________；________正常。

【检查与控制】

观察员根据操作员的工作过程评分，具体评分细则见表 2-8。

表 2-8 垂直电梯维护检修考核评分表

操作时间：30min

序号	考核项目	考核内容及要求（评分要点）	配分	评分标准	扣分
1	检修前准备	周围环境检查确认 安全防护措施	10	未按要求检查，扣 5 分 未按要求设置安全防护，扣 5 分	
2	检修内容	双周检工作内容	40	一项未做，扣 2 分	
3	检修标准	双周检检修标准	40	未按标准操作，每项扣 2 分	
4	检修结束后收尾工作	整理检修工具及材料 恢复环境及设备	10	未按要求整理或恢复，扣 5 分	
总分			100	得分	

观察员：　　　　　　　　操作员：　　　　　　　　年　　月　　日

课堂笔记

课堂笔记

【评价反馈】

1. 自我评价

我做得好的地方	我还存在这些方面的问题
□ 动作准确	□ 动作不到位
□ 工具使用规范	□ 工具使用不规范
□ 设备操作得当	□ 设备操作不得当
□ 操作用时合理	□ 操作用时过长
□ 工作态度端正	□ 工作态度不够端正

2. 小组评价

我们组做到了：□ 全员参与　□ 分工明确　□ 工作高效　□ 完成了工作任务

3. 教师评价

评价内容	评价指标	等级（A/B/C）
活动态度方面	1）态度是否积极，是否主动组织或参与活动 2）与小组同学合作是否良好 3）活动是否认真、善始善终 4）是否勇于克服困难	
知识技能方面	1）查阅资料技能 2）实地观察记录能力 3）调查研究能力 4）动手操作能力	

【知识巩固】

一、选择题

1. 电梯在井道向端站运动时，最先碰撞的保护开关是（　　）。

A. 缓冲器开关　B. 强迫换速开关　C. 极限开关　D. 限位开关

2. 电梯运行失控时，（　　）装置可以使电梯强行制停，不使其坠落。

A. 缓冲器　B. 限速器及安全钳

C. 补偿　D. 强迫换速开关

3. 目前电梯中最常用的驱动方式是（　　）。

A. 曳引驱动　B. 卷筒驱动

C. 液压驱动　D. 齿轮齿条驱动

4. 电梯机房温度应保持在（　　）之间。

A. 0~35℃　B. 0~40℃

C. 5~35℃　D. 5~40℃

5. 检修运行时，轿厢的运行速度不得超过（　　）。

A. 0.5m/s　B. 0.63m/s　C. 1.0m/s　D. 1.5m/s

二、填空题

1. 电梯重量平衡系统主要包括__________和__________。

2. 当轿厢运行速度达到限定值时，能发出电信号并产生机械动作的安全装置是________。

延伸阅读

1852 年，奥的斯的老板，要求他制造一台货运升降梯来装运公司的产品。

作为一名熟练工长，奥的斯并不认为这是一个困难的任务，但是他很了解数百年来人们制造过各种类型的升降梯，它们都具有一个共同的缺陷：只要起吊绳突然断裂，升降梯便急速地坠落到底层。

奥的斯设计了一种制动器：在升降梯的平台顶部安装一个货车用的弹簧及一个制动杆与升降梯井道两侧的导轨相连接，起吊绳与货车弹簧连接，这样仅是起重平台的重力就足以拉动弹簧，避免与制动杆接触。如果绳子断裂，货车弹簧会将拉力减弱，两端立该与制动杆咬合，即可将平台牢固地原地固定以免继续下坠。由此，“安全的升降梯”发明成功了。

奥的斯先生的发明彻底改写了人类使用升降工具的历史。从那以后，搭乘升降梯不再是“勇敢者的游戏”了，升降梯在世界范围内得到了广泛的应用。

1889 年 12 月，美国奥的斯电梯公司制造出了名副其实的电梯，它采用直流电动机提供动力，通过蜗杆减速器带动卷筒上缠绕的绳索，悬挂并升降轿厢。

【学而思】

结合本项目的学习，谈谈你对不畏困难、勇于创新精神的理解。

课堂笔记

项目三 站台门运行与维护

03

地铁站台门是一项集建筑、机械、材料、电子和信息等学科于一体的高科技产品，使用于地铁站台。站台门将站台和列车运行区域隔开，通过控制系统控制其自动开启。站台门能有效地减少空气对流造成的站台冷热气的流失，保障列车、乘客进出站时的安全，降低了列车运行所产生的噪声对车站的影响。地铁站台门能为乘客营造一个安全、舒适的候车环境，具有节能、安全、环保、美观等功能。

本项目的学习任务如下：

任务一　站台门系统认知
任务二　站台门系统维护
任务三　站台门系统常见故障处理

课堂笔记

任务一 站台门系统认知

【任务描述】

星期一上午，某地铁公司机电组工班办公室小张收到通知，新修建的地铁站即将投入运营，为保证地铁安全运行，需要对各站站台门系统进行检查。为了完成工作任务，需要熟悉站台门系统。

【学习目标】

目标名称	目标内容
知识目标	能口述站台门系统的结构与组成
	能口述站台门的安装位置
	能口述站台门的功能
技能目标	能独立熟练操作站台门日常巡视
	能独立熟练操作站台门控制模式

【知识准备】

一、站台门的概述

地铁站台门（又称为屏蔽门）是一项集建筑、机械、材料、电子和信息等学科于一体的高科技产品，使用于地铁站台。站台门将站台和列车运行区域隔开，通过控制系统控制其自动开启。站台门能有效地减少空气对流造成的站台冷热气的流失，保障列车、乘客进出站时的安全，降低了列车运行所产生的噪声对车站的影响。地铁站台门（图 3-1）能为乘客营造一个安全、舒适的候车环境，具有节能、安全、环保、美观功能。

a)

b)

图 3-1 站台门

二、站台门的类型

1. 全高站台门

图 3-2　全高站台门

全高站台门（图 3-2）一般用于地下站台，除具有保证乘客安全的作用外，还具有隔断区间隧道内气流与车站内空调环境之间的冷热气流交换的功能，所以要求站台门的气密性良好，这样才能使车站与区间的热交换减小到最低程度，达到节能的目的。门体高度一般为 2800~3200mm，这种结构多用于设有空调系统的站台。

2. 半高站台门

图 3-3　半高站台门

半高站台门（图 3-3）主要安装于地铁、轻轨等轨道交通地面或高架车站，门体结构不超过人体高度，它是不具有密封性能的轨道交通站台安全门，其总体高度为 1500mm。

三、站台门系统构成

站台门门体（图 3-4）由标准滑动门、固定门、应急门组成，作为乘客进出通道并隔离站台区和轨道区。

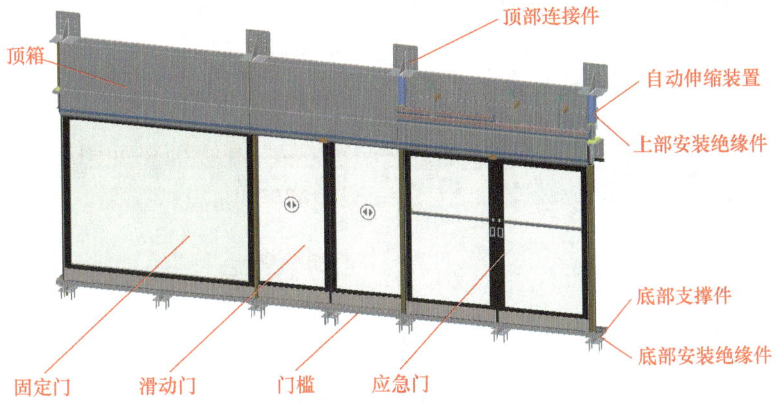

图 3-4　站台门门体

课堂笔记

1）固定门（FIX）：固定在两滑动门之间，在满足门体结构的刚度、强度前提下，提高通透效果，采用整体固定门。

2）应急门（EED）：列车没有停在规定位置，同时列车滞留站台，乘客需要从轨行区快速疏散时，可以通过应急门逃生。

固定门和应急门如图 3-5 所示。

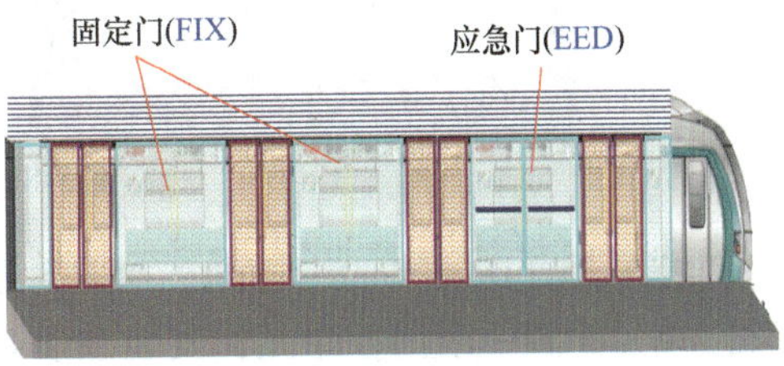

图 3-5　固定门和应急门

3）端门：位于站台的两个端头，设在列车司机门和乘客门之间，垂直于站台边线布置，将乘客区与设备区分隔开。端门位置如图 3-6 所示。

课堂笔记

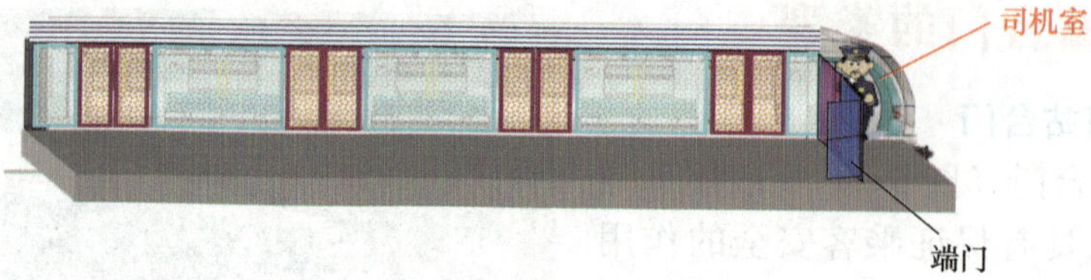

图 3-6 端门位置

四、操作站台门控制模式

控制优先级别共有五级，如图 3-7 所示，保证站台门安全可靠。

1. 中央控制盘（PSC）

PSC（图 3-8）是站台门控制系统的核心，每个车站的站台门设备室都设置了一套 PSC，控制上下行两侧站台门。PSC 由两套相同、相互独立的子系统组成，每个子系统包括一套站台门控制器（PEDC）和一套监控主机 PLC。

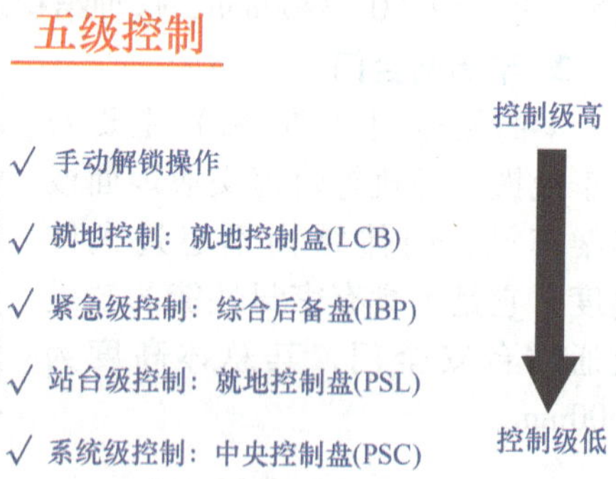

图 3-7 五级控制

PSC 还包括与信号系统的硬线接口、与综合监控系统的 RS485 串行接口、与 PSA（操作指示盘）和 PSC 显示终端液晶显示器（LCD）的 RJ45 以太网接口、接线端子排及柜体面板上的相关按钮开关、指示灯和维修插口［连接便携式测试设备（PTE）］等。

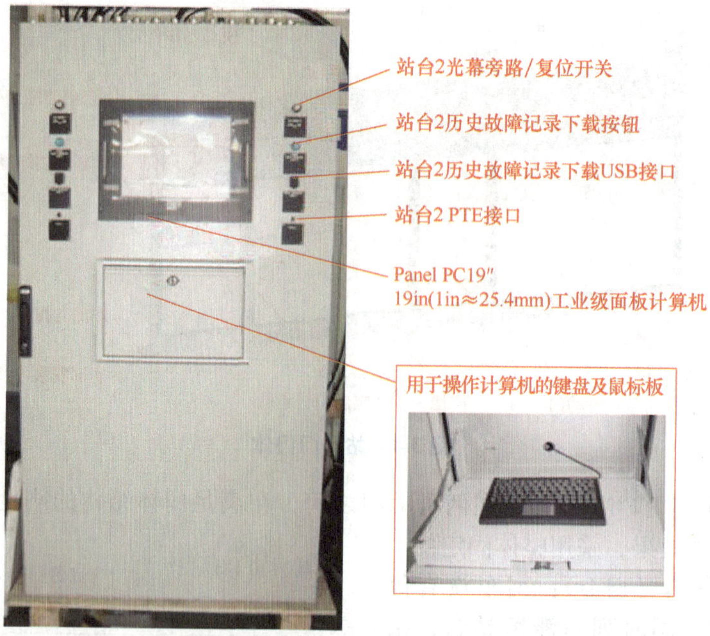

图 3-8 PSC

门控单元（Door Control Unit，DCU）是滑动门电动机的控制装置，站台门每对滑动门单元配置一个门控单元，安装在顶箱内（图 3-9）。站台门每对滑动门有两个 DCU——主 DCU 和从 DCU，分别放置在相应滑动门的固定侧盒中。两个 DCU 通过主-从电缆通信（目前行业趋向于使用单个集成化 DCU）。

站台门门控单元结构如图 3-10 所示。

图 3-9 站台门门控单元

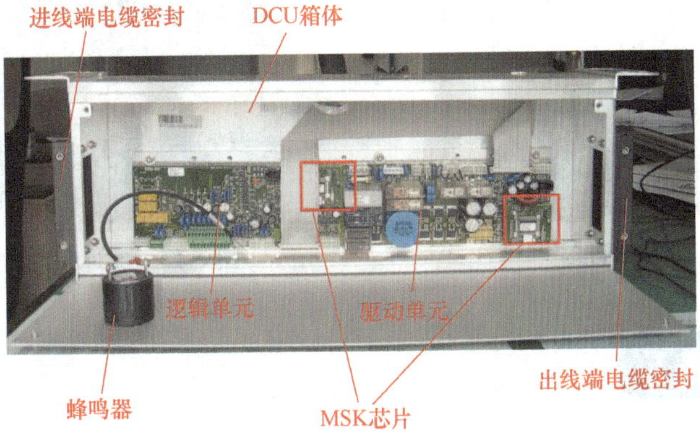

图 3-10 站台门门控单元结构

门控单元控制结构框图如图 3-11 所示。

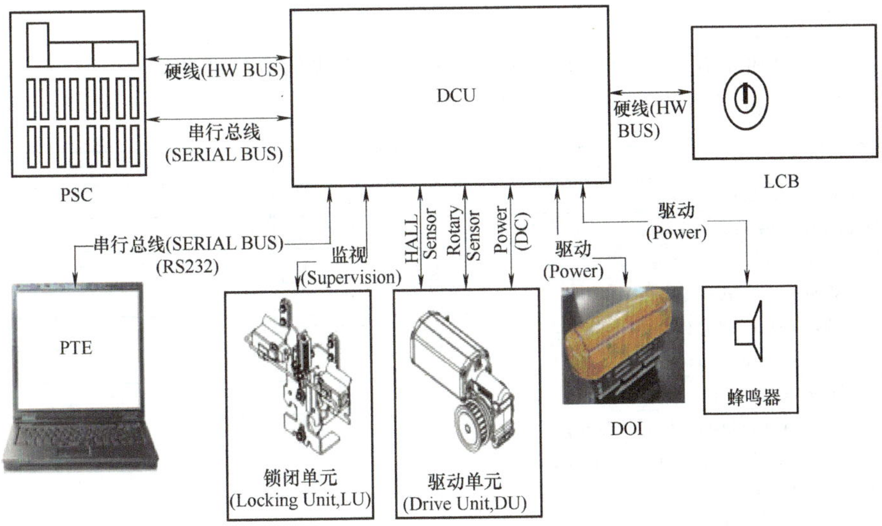

图 3-11 门控单元控制结构框图

2. 就地控制盘（PSL）

正常运营情况下，每座车站每侧站台门设置 1 套 PSL；根据特殊运营要求，需要站前折返的车站和首末站每侧站台门设置 2 套 PSL（简称双 PSL）。

在系统级控制出现故障时，可由列车司机或站务人员在站台端头就地控制盘上对站台门进行开、关门的控制。

系统可以监视到 PSL 开、关门钥匙开关与互锁解除钥匙开关的状态，并进行显示和记录。就地控制盘（PSL）如图 3-12 所示。

3. 就地控制盒（LCB）

就地控制盒（LCB）的安装位置在滑动门门楣右下方，钥匙开关及按钮的安装

课堂笔记

课堂笔记

位置方便站台侧工作人员通过钥匙进行模式转换。

LCB 钥匙开关通过专用电缆与 DCU 接口单元连接，且由铝盒密封，接线端子不外露，安全防尘。每个门单元中无论是发生网络通信故障，还是电源故障、DCU 故障、门机故障以及其他故障，均可通过就地控制盒（LCB）切断此道滑动门 DCU 的电源，从而使此故障单元从整个系统中隔离，不影响整个系统的正常工作。就地控制盒（LCB）如图 3-13 所示。

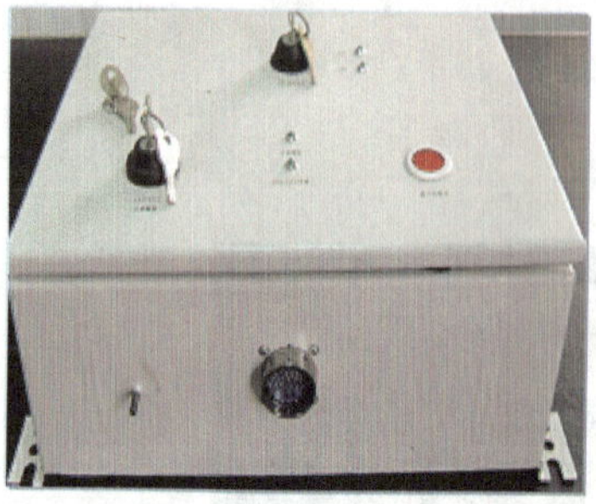

图 3-12　就地控制盘（PSL）

图 3-13　就地控制盒（LCB）

【信息收集】

一、我们的学习任务是什么？

____

____

____

二、为顺利完成本学习任务，请按下列要求完成信息的收集。

1. 收集站台门系统的组成位置及相关术语。

英文名称及缩写	中文名称
ASD（Automatic Sliding Door）	
EED（Emergency Escape Door）	
FIX（Fixed Panel）	
MSD（Manual Secondary Door）	
PSL（PSD Local Control Panel）	
PSC（Platform Station Controller）	
DCU（Door Control Unit）	
DOI［Door Open Indicator（light alarm）］	
EOI［Emergency Escape Door Open Indicator（light alarm）］	
FDP（Fixed Drive Panel）	
LCB（Local Control Box）	
PEDC（Platform Emergency Door Controller）	
PSD（Platform Screen Doors）	
PLC（Programmable Logic Controller）	
SIG（Signaling System）	
PTE（Portable Test Equipment）	

2. 站台门车站布局。

1）岛式。岛式布局（图 3-14）共布置两侧站台门系统，包括与列车门对应的滑动门及固定门、应急门、端门，还有一个站台门设备室和两个就地控制盘（PSL）。

2）侧式。侧式布局（图 3-15）共布置两侧站台门系统，包括与列车门对应的滑动门及固定门、应急门、端门，还有一个站台门设备室和两个就地控制盘（PSL）。

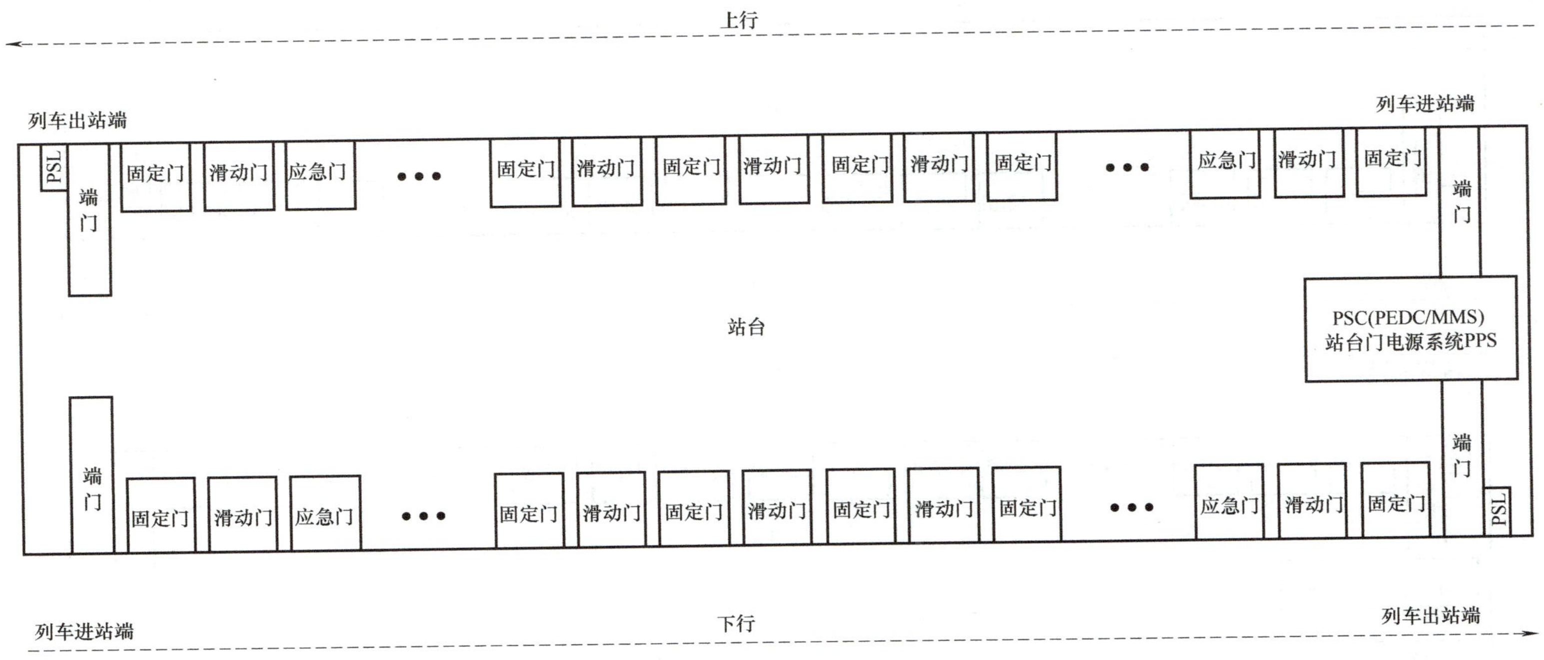

图 3-14 岛式布局

课堂笔记

课堂笔记

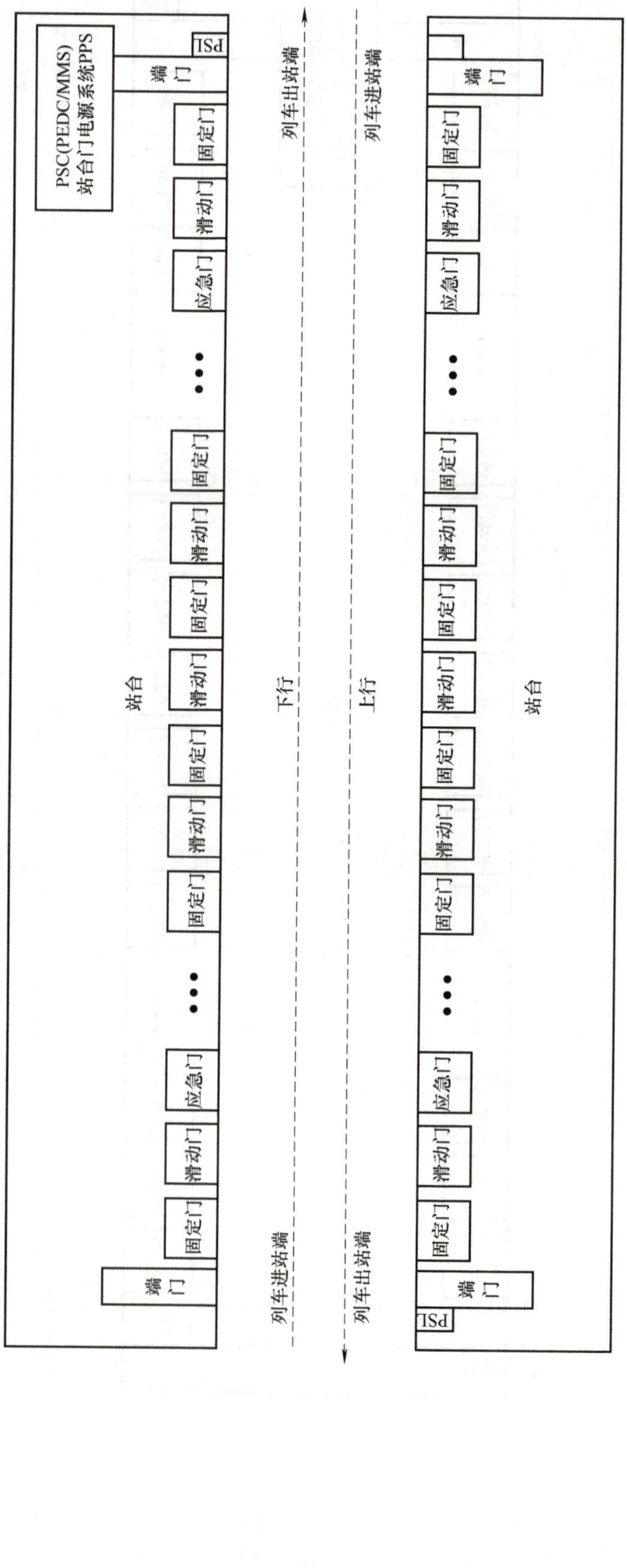

图 3-15 侧式布局

3. 站台门系统控制、站台门站台级控制（PSL）、单元门隔离如何操作？

【制订计划】

请根据描述的现象和任务要求，确定所需的工具和物品，并对小组成员进行合理分工，制订详细的操作计划。

1. 请在下表中选择在操作中可能用到的工具和物品（在对应的选项中打√即可）。

工具和物品名称	选择	
手套	□可能	□不可能
安全帽	□可能	□不可能
记号笔	□可能	□不可能
对讲机	□可能	□不可能
专用操作钥匙	□可能	□不可能
清洁毛刷	□可能	□不可能
手电筒	□可能	□不可能

2. 小组成员分工：

序号	组长	观察员	操作员	备注

3. 站台门系统部件及位置认识操作计划：

1）运营前巡视操作步骤：

2）PSL 操作流程：

3）IBP 盘紧急控制操作流程：

【实施计划】

1. 巡视操作：通过巡视操作熟悉站台门系统部件及位置。

1）运营前巡视：每日开站运营前对站台门是否进入正常运行状态进行确认，确认 PSL 和 IBP 开关站台门是否正常，确认系统报警信息（门单元、EMCS 或 MCS、PSA 信息）、门的关闭与紧锁状态是否正常。

2）运营期间巡视：监控站台门门单元开关状态，防止夹人、夹物；对进入轨

课堂笔记

课堂笔记

行区的异物及时出清；对出现的故障及时报修。

监控站台门应急门、端门、司机门日常操作状态。

2. PSL 操作：当因信号系统（SIG）故障失效或中央控制盘（PSC）对门控单元（DCU）控制故障时，由司机或被授权操作人员操作就地控制盘（PSL）控制站台门的开关。操作时信号系统被完全忽略。PSL 一般设置有操作允许开关，将操作允许开关扭至允许位时进行开门操作，插入钥匙，转动到开门位置，整侧站台门打开完毕。进行关门操作时，转动钥匙到关门位置，整侧站台门关闭完毕，操作完毕恢复原状。PSL 控制面板如图 3-16 所示。

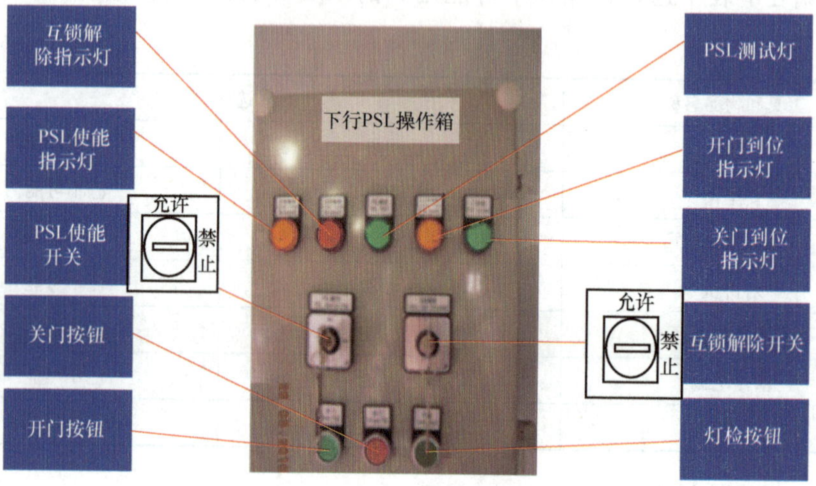

图 3-16　PSL 控制面板

3. IBP 紧急控制：当车站、区间发生火灾等紧急事件情况，需要进行车站疏散时，通过设置在综控室 IBP 上的紧急控制按钮，可以开启站台门。紧急运行模式优先于站台级控制，站台级控制优先于系统级控制。

综控室 IBP 应急操作只能在紧急情况下使用，不具备正常运营时的操作功能，待突发事件处理过后，须对此项操作进行核实、记录存档、恢复确认。

4. 就地控制盒（LCB）单档门就地级控制：当站台上的个别 PSD 出现故障时，需要站务员手动开启/关闭或进行隔离操作，可以通过每个 PSD 门楣梁上安装的 LCB 对该道门进行局部控制，实现对该门的开关动作。开关模式如图 3-17 所示。

1）自动模式：PSD 运行在正常模式时，接收来自 SIG、PSL 及 IBP 的远程控制信号。PSD 及 EED 模块的状态由 PSC 进行监控。

2）关门/开门模式：来自 SIG、PSL 及 IBP 的命令被忽略，PSD 关门/开门或保持关门/开门状态。PSD 及 EED 模块的安全开关触点被旁路，意味着它们的状态不被 SIG 监控。

3）隔离模式：PSD 的电源被切除，该站台门与整个控制网络脱离。

图 3-17　开关模式

LCB 在手动位时，门状态信号旁路，站台门系统不检查 ASD 的状态（开门、关门都可以行车），安全由安全员负责；当维修人员将 ASD 修复后，应将 LCB 恢复到自动位；列车发车后，车站人员留守观察下列车故障门运行情况。

5. 手动级控制：手动操作是站台工作人员或乘客对站台门进行的操作。

当系统发生的故障导致无法在站台侧打开滑动门时，列车司机通过广播指导乘客操作站台门解锁把手打开站台门。轨道侧滑动门解锁装置如图 3-18 所示。

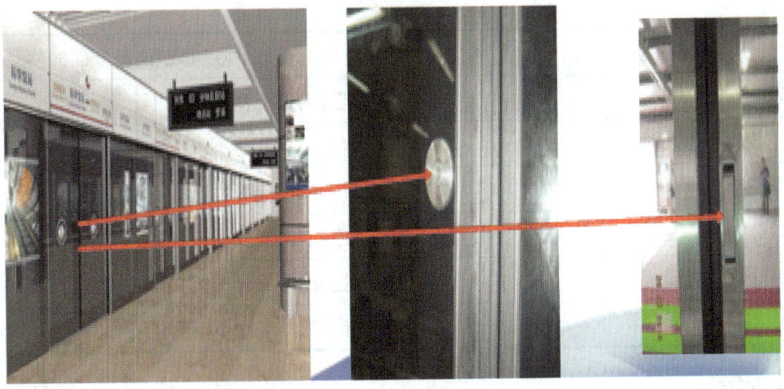

图 3-18 轨道侧滑动门解锁装置

【检查与控制】

观察员根据操作员的工作过程评分，具体评分细则见表 3-1。

表 3-1 认识站台门系统评分表

操作时间：20min

序号	考核项目	考核内容及要求（评分要点）	配分	评 分 标 准	扣分
1	巡视检查	确认门体结构 确认控制系统	20	不熟悉门体结构位置，扣 5 分 不熟悉控制系统位置操作，扣 5 分 工具准备不齐全，扣 5 分	
2	PSL 操作	PSL 认识 开门操作 关门操作	30	PSL 认识错误，扣 5 分 开门操作错误，扣 5 分；认识错误，扣 5 分 关门操作错误，扣 5 分；认识错误，扣 5 分	
3	IBP 操作	IBP 认识 紧急情况开门操作	20	IBP 操作错误，扣 5 分；认识错误，扣 5 分 开门操作错误，扣 5 分；认识错误，扣 5 分	
4	LCB 操作	自动模式认识 开关门模式操作 隔离模式认识	10	开关门模式操作错误，扣 5 分；认识错误，扣 5 分	
5	手动模式	工作人员操作 乘客操作	10	操作错误，扣 5 分；认识错误，扣 5 分	
6	安全保护	劳保穿戴齐全	5	劳保穿戴不全，扣 3 分	
		文明操作、工具摆放有序	5	乱摆乱放工具、量具，扣 2 分	
	总分		100	得分	

观察员： 操作员： 时间：

课堂笔记

【评价反馈】

1. 自我评价

我做得好的地方	我还存在这些方面的问题
□ 动作准确	□ 动作不到位
□ 工具使用规范	□ 工具使用不规范
□ 操作步骤熟悉	□ 操作步骤不熟悉
□ 零件摆放整齐	□ 工具摆放不整齐
□ 操作用时合理	□ 操作用时过长
□ 工作态度端正	□ 工作态度不够端正

2. 小组评价

我们组做到了：□ 全员参与　□ 分工明确　□ 工作高效　□ 完成了工作任务

3. 教师评价

评价内容	评价指标	等级（A/B/C）
综合素养方面	1）态度是否积极，是否主动组织或参与活动 2）与小组同学合作是否良好 3）活动是否认真、善始善终 4）是否勇于克服困难	
知识技能方面	1）查阅资料技能 2）实地观察记录能力 3）调查研究能力 4）整理材料能力	

【知识巩固】

一、选择题

1. 站台门系统英文缩写为（　　）。

A. PSD　　B. EED　　C. PBM

2. PSC 柜面上的全锁闭状态指示灯亮起说明（　　）。

A. 滑动门全开　　B. 滑动门全部关闭和锁紧

C. 滑动门关闭

3. 站台门顶箱盖板关闭，在站台侧距离站台门 1.5m 处测量站台门运行时噪声应不大于（　　）。

A. 80dB　　B. 70dB　　C. 60dB

4. 在站台门范围内的适当位置应设置应急门，每侧站台门的应急门数量不应少于（　　）。

A. 4 处　　B. 3 处　　C. 2 处

5. LCB 处于（　　）位时，DCU 的电源被切断。

A. 自动　　B. 手动　　C. 隔离

6. LCB 处于（　　）时，接收来自信号系统、PSL、IBP 发出的控制命令。

A. 自动位　　B. 手动位　　C. 隔离位

7. PSC 柜面上的 ASD 开门指示灯闪烁表示滑动门（　　）。

A. 打开　　　　　　B. 正在开启过程中　　C. 未打开

8. 站台门的控制及监视应独立设置，关键命令或信号应通过（　　）传输，状态及故障信息可采用总线传输。

A. 总线　　　　　　B. 硬线　　　　　　C. 光纤

9. 站台门应设置可靠的接地保护系统，保证在正常运营或故障运营时乘客及维修人员的舒适度及安全，故在站台区域应设置宽度不小于（　　）的绝缘区域。

A. 800mm　　　　　B. 900mm　　　　　C. 100mm

10. 站台门控制系统由以下几个主要部分构成：（　　）站台端头控制盘、就地控制盘、紧急控制盘、门控单元等设备。

A. 传动装置　　　　B. 驱动装置　　　　C. 中央控制盘

二、判断题

1. 站台门系统可以进行站台防火分隔。（　　）

2. 滑动门、应急门的净开度应考虑列车的停车精度且不应小于列车门的净开度，端门的最小开度不应小于900mm。（　　）

3. 驱动电源的后备电源容量应至少满足完成本站全部滑动门开/关三次循环的需要。（　　）

4. 故障发生时，按“先通后复”原则处理，在确保安全运营原则下，站台现场工作人员首先须要做好应急措施，包括现场安全防护措施、障碍物清除、隔离影响行车的故障门单元及复位操作。（　　）

5. 在进行站台门安装与验收时，应根据站台中心里程对门体进行限界检查。（　　）

课堂笔记

课堂笔记

任务二 站台门系统维护

【任务描述】

星期一上午，某地铁公司机电组工班办公室李明收到通知，某地铁为保证地铁安全运行，需要对各站站台门系统进行例行维护检查。为了完成共工作任务，需要熟悉站台门日常维护检查。

【学习目标】

目标名称	目标内容
知识目标	能口述站台门检修分类及周期
	能口述站台门日常巡检内容
	能口述站台门组成及功能
技能目标	能独立熟练操作站台门日常检修维护
	能与他人合作，进行有效沟通，能安全作业

【知识准备】

一、站台门检修分类及周期

1. 检修分类

1）维护：是指在站台门交付使用后，为保证站台门正常及安全地运行，而按计划进行的一种主动的预防性维修，作业内容较巡视深入，是根据站台门系统设备的构成、运行和使用特点等因素，周期性地纠正系统各设备（部件）运行后可能积累的误差、磨损，或进行零部件到达使用寿命后的更换，调整设备达到良好的运行状态。

2）日常维修作业：是指设备日常运行期间发生故障时，专业维修人员接报之后进行的抢修工作。

3）故障应急处理：是指设备发生故障时，为不造成更大范围影响，由车站工作人员依照“先通后复”原则及有关规则暂作技术处理，并按手续报专业维修人员处理的工作。

4）临时性专项检修：是指发现有影响站台门安全运行的异常现象后，针对有关项目进行的专项检查与修理。

2. 检修周期

站台门维护包括半月、月度、季度、半年和年度维护，周期分别为 15 日、30 日、3 个月、6 个月和 12 个月。站台门工作技术条件不满足相关规定的或新安装运行的应适当缩短小修周期。

临时性专项检修应针对运行中发现的严重缺陷及时进行。

二、维护工艺及标准

站台门的维护检修主要包括日常巡检和维护、二级维护、小修、中修和大修几个修程，其检修工作内容和工艺标准见表 3-2。

表 3-2 站台门检修工作内容和工艺标准

序号	修程	检修工作内容		工艺标准	周期
1	日常巡检	设备房	检查设备房门、锁	是否完好	每日
			检查设备房通风	是否良好	
			检查设备房内温度、湿度	是否在允许范围内	
			检查设备房内	有无漏水	
			检查设备房安全标识	是否齐全、清晰、完备	
		电源	检查电源柜体	是否清洁、无异味、无杂音、无异常温升	
			检查电源柜体通风散热	是否良好	
			检查电源柜（驱动、控制）	有无报警声、历史故障记录	
			检查电源柜（驱动、控制）电压、电流	是否正常	
			检查整流、逆变模块运行	是否正常	
			检查蓄电池外观、温升	是否完好、正常，有无变形、漏液、鼓胀，安全阀是否开启，接线端及气孔有无盐霜现象	
		控制系统	检查 PSC 柜体	是否清洁、无异味、无杂音、无异常温升	
			检查 PSC 柜体通风散热	是否良好	
			检查 PEDC 工作状态	是否正常	
			检查 PSL 外观、安装	是否完好、紧固	
		门体	检查站台门开、关门运行	是否正常	
			检查门体玻璃	是否有划伤、破裂现象	
		门机	检查门状态指示灯	是否显示正常	
			检查蜂鸣器声音	是否正常	
2	日常维护	同日常巡检全部项目			每半月
		电源	清洁电源柜	清洁、无尘	
			检查电源柜元器件外观、温升	是否完好、正常	
		控制系统	清洁 PSC、PSL	清洁、无尘	
			检查电缆桥架	是否安装紧固、表面清洁	
			检查 PSC、PSL 元器件外观、温升	是否完好、正常	
		门体	清洁滑动门门槛、导槽	是否清洁、无异物	
			检查前盖板、盖板锁、支撑杆	是否完好、间隙是否紧密	
		门机	检查门头	有无漏水、水迹	
			清洁门机导轨	清洁、无异物	
		同日常维护全部项目			
		设备房	清洁设备房	清洁、无尘	

课堂笔记

课堂笔记

（续）

序号	修程	检修工作内容		工艺标准	周期
3	二级维护	设备房	检查与低压配电箱、等电位箱接线情况	是否紧固、无松脱、无老化、异常发热	每月
		电源	检查电源柜元器件连接及固定情况	是否功能正常、安装紧固、接线无松脱、无老化、异常发热并清洁	
			检查电源柜状态灯	是否显示正常	
		控制系统	检查 PSC、PSL、IBP 元器件连接及固定情况	是否功能正常、安装紧固、接线无松脱、无老化、异常发热并清洁	
			检查 PSC、PSL、IBP 状态灯	是否显示正常	
			检查 MMS 记录数据	进行保存、分析并重启监控	
			检查 PSC 与 PSL 接口连线、联动功能	是否紧固、正常	
			检查 PSC 与 IBP 接口连线、联动功能	是否紧固、正常	
		门体	检查滑动门、应急门、端门运行及固定情况	是否正常、紧固	
			检查滑动门、应急门、端门手动解锁及钥匙开门功能	是否正常	
			检查应急门、端门自闭功能	是否正常	
			检查门体毛刷	是否紧固、完好	
		门机	检查电机及联轴器	是否无异常噪声，是否漏油、连接紧固	
			检查丝杆	是否紧固、润滑	
			检查滑动门、应急门、端门锁紧检测开关功能	是否正常	
			检查门机支撑装置	是否紧固	
			检查门机线缆	是否整齐、稳固、无老化并清洁	
			检查门机元器件外观、温升	是否完好、正常并清洁	
			检查 DCU 工作状态	是否正常	
			检查滑动门障碍物检测功能	是否符合设计要求	
4	小修	同二级维护全部项目			每季
		设备房	检查设备房到门机电缆，检查电缆桥架外观、温升、连接、固定情况	是否完好、正常，并对其清洁、紧固、防锈	
		控制系统	检查 PSC 与 SIG 接口连线、联动功能	是否紧固、正常	
			检查 PSC 与 ISCS 接口连线、状态响应、信息记录	是否紧固、正常、一致	
		门体	检查橡胶减振垫	是否功能正常、无脱落	
			检查门体橡胶条	是否紧固、无变形、破损	
			检查滑动门、应急门、端门门锁	是否安装紧固、锁孔无异物、	
		门机	检查滑动门滚轮外观、转动情况	是否完好、灵活	
			检查门机元器件连接及固定情况	是否功能正常、安装紧固、接线无松脱、无老化、异常发热	
			检查手动解锁装置	是否正常	

（续）

序号	修程	检修工作内容		工艺标准	周期
5	中修	同小修全部项目			每半年
		电源	对电源柜蓄电池进行充、放电	记录放电前后电压	
			检查电源柜接线端口	是否正常、紧固、无变形、破损	
		门体	检查滑动门运行力	是否符合设计要求	
			检查接轨地线连接及固定情况	是否紧固、接线无松脱、无老化、异常发热	
		门机	检查丝杆润滑油状态	是否需要添加	
			检查门锁性能	是否灵活、无变形、破损	
			检查电刷组件磨损、变形、固定情况	是否完好、正常	
			检查滑动门导片	是否完整、无变形、无裂痕	
			检查门机接线	是否完好、紧固、接触良好	
			按规范程序进行绝缘测试	是否符合设计要求	
6	大修	同中修全部项目			每年
		门体	检查门槛、门体、门体玻璃、门胶、门头及上、下支撑机构	是否紧固、无弯曲、变形	
			检查门槛基座绝缘功能	是否符合设计要求并清洁	
		门机	检查电机、联轴器、丝杆	是否紧固、无松动、丝杆磨损在正常范围	
			检测 DCU 功能	是否正常	

课堂笔记

三、专用工具与测试设备

1）标准工具。

2）前盖板三角钥匙：打开前盖板、从站台侧解锁 ASD/EED。

3）IBP 钥匙：操作 IBP。

4）PSL 钥匙：操作 PSL。

5）LCB 钥匙：操作 LCB。

6）5×40mm 板块：障碍物测试。

7）梯子或脚踏架：用以处理顶盒高度的故障。

四、站台门常规维护

1. 地铁站台门及其作用

（1）站台门的设置　新型轨道交通车站一般都安装有站台门系统，设于站台边缘的有效站台长度范围内，在站台中心线两端对称布置，将列车运行区域与站台区域隔断，其滑动门与列车的车门相对应。

（2）站台门的作用　站台门可以保证乘客的人身安全，通过隔断车站区域与轨道区域，可以把候车乘客阻断在站台区，防止乘客掉落轨道区域。而且站台门只有在列车到站停妥后才能开启；站台门也能起到节约能源的作用，在地铁车站，由于站台门系统的隔断作用，减少了列车在隧道内运行带来的冷气流与站台区域热气流的交换，可以节约车站环控设施的能源；站台门能有效降低列车运行所带

课堂笔记

来的噪声，使乘客候车环境更加舒适；由于站台门能完全阻断站台与轨道区域，能保证乘客人身安全，因此，可以减少站台的接发列车人员，大大节省了人力资源。

2. 地铁站台门常见的故障及处理原则

（1）地铁站台门常见的故障

1）站台门控制器（PEDC）故障：目前发现4种常见PEDC故障现象：①整侧滑动门无法开、关；②ISCS显示“PEDC故障”，但不影响开、关门；③ISCS显示“PEDC通道故障”，但不影响开、关门；④ISCS显示“CANBus故障”，但不影响开、关门。

2）安全电路故障：站台门系统的安全电路是由若干行程开关与从动继电器单元的安全继电器线圈串联组成的环行电路，行程开关为滚轮触点的机械式行程开关，相对于目前行业大量采用的非接触式行程开关故障率要高一些。安全电路故障通常是由于行程开关和相关插接器、端子等引起的。在运营中，行程开关的触点因振动时通时断，但站台门DCU没有监视进入安全电路的行程开关触点的功能，安全电路断开故障发生时，可以使用LCB开关将每道滑动门手动关门，观察PSL的“关闭且锁紧”指示灯，若某道滑动门该指示灯亮，表明该道滑动门行程开关等发生故障。但由于这种故障是随机发生的，门体振动导致行程开关振动，有时促使触点恢复正常，加上运营高峰时，行车间隔短，检查整侧24道滑动门，时间不够，经常发生没有检查几道滑动门，下次列车进站，滑动门开关动作时的振动又使行程开关触点恢复正常的情况。

3）站台门绝缘故障：站台门门体结构的顶部和底部采用绝缘安装，同时在站台装修层下站台边缘敷设绝缘带，实现门体与大地之间的绝缘，避免跨步电压对人体造成伤害。由于装修吊顶灯带接触站台门上盖板，可能造成门体绝缘破坏。

（2）地铁站台门故障处理的原则　事故（故障）发生时，依照行车规则，按先通车后维修，确保安全运营的原则，站台工作人员首先须要做好应急措施。其中包括现场安全防护措施、障碍物清除、隔离影响进/发车的门单元、PSA故障复位操作，以及设备的其他技术操作。应急措施不能解决的事故（故障）报维修人员抢修，任何作业必须确保运营安全，包括行车安全、乘客安全和工作人员安全，需要在轨行区内进行的抢修作业和可能侵入轨道的抢修作业，必须在停运后进行。

3. 地铁站台门常见故障的维护管理措施

（1）站台门一般故障　设某站下行侧站台x号门单元的DIAS1开关（行程开关）在滑动门打开后损坏不动作，当列车司机在关门操作时，信号系统如常向PEDC发出正确的关门命令，而PEDC产生关门信号（即“ENABLE”=1；“OPEN”=0）。

执行结果：滑动门实际已关闭，但x号门门头灯闪亮；PSA上x号门报警；PSL上ASD/EED指示灯熄灭，列车司机不能发车。

站务工作人员在确认滑动门实际已关闭后，站台已处于安全状态，如门头灯闪亮及PSA上16号门报警，应使用门头方形钥匙隔离该门单元，并向司机发“好了”信号，以便发车。同时报请维修人员处理。

维修人员接到故障抢修通知后，携工器具至现场，借助PSA诊断软件，进入16号门单元的二级画面——门单元诊断画面，将可观察到门单元关闭后的诊断结果——PSA将显示DLLS1、DLLS2故障。

根据PSA提示，观察是否闸锁的凸轮机构不能准确动作到位，或DLI_S开关安装位置不准确引起故障报警，若判断是闸锁凸轮机构故障，应（参考更换操作指引）更换门闸锁；若判断是 DLLS 开关安装位置不准确，应调整开关的安装位置，使其能够在门关闭时进入动作状态（凸轮压 DLLS 的摆轮，使 DLLS 动作）。

若经上述检查，确认并非闸锁机构引起故障，也非 DLLS 安装精度引起故障，而 DLLS 外观动作状态正确时，则可判断为两种可能的故障原因：①DLLS1 或 DLLS2 开关内部故障；②DLLS1 或 DLLS2 开关外部连线有松脱，此时应断开门头电源，参照电气原理图，检查 DLLS1、DLLS2 的触点动作是否正确、灵活，若 DLLS 损坏，需要（参考更换操作指引）更换 DLLS 开关，检查并紧固其连线，使其良好连接。

处理完毕后，在测试模式下，测试数次开关门动作，然后投入正常运行。

故障处理过程应做好安全防护工作，办好必要的作业管理手续。

（2）站台门绝缘故障　为了避免站台门绝缘问题影响乘车安全，可采用在站台门门体金属部位贴绝缘膜的方法。目的是为了防止乘客在上下车和候车时，接触站台门带电外壳（立柱和门框）而导致触电。

在处理过程中采用 3M 进口防爆绝缘膜或同等规格的绝缘膜材料，并根据立柱包板设计安装位置，把已安装立柱正面的两个面直接面对乘客，该两个面分别朝向站台侧正面和侧面；根据滑动门设计安装位置，把已安装的滑动门闭合处门框两个面直接面对乘客；该两个面分别朝向轨道侧正面和侧面。绝缘膜施工过程中应注意控制膜内包裹气泡大小，同时防止翘边、褶皱等不良的出现；贴膜完成后进行立柱与站台地面的绝缘测试，要求绝缘值大于 0.5MΩ，对于绝缘值不符合要求的立柱，需分析原因并重新贴膜；在日常运行过程中，需定期检查站台门绝缘值。

【信息收集】

一、我们的学习任务是什么？

____

____

____

二、为顺利完成本学习任务，请按下列要求完成信息的收集。

1. 简述站台门维护周期及内容。

____

____

2. 简述站台门故障处理原则。

____

____

3. 简述站台门常见故障处理措施。

____

____

【制订计划】

请根据描述的现象和任务要求，确定所需的工具和物品，并对小组成员进行合理分工，制订详细的操作计划。

课堂笔记

课堂笔记

1. 请在下表中选择在操作中可能用到的工具和物品（在对应的选项中打√即可）。

工具和物品名称	选择	
手套	□可能	□不可能
安全帽	□可能	□不可能
扳手	□可能	□不可能
对讲机	□可能	□不可能
专用操作钥匙	□可能	□不可能
清洁毛刷	□可能	□不可能
手电筒	□可能	□不可能
信号旗	□可能	□不可能

2. 小组成员分工：

序号	组长	观察员	操作员	备注

3. 站台门系统日常维护操作计划：

1）站台门检修分类及周期：________________________________

____

2）站台门日常巡检主要内容：______________________________

____

3）地铁站台门故障处理原则：______________________________

____

____

【实施计划】

1. 巡视操作：通过巡视操作熟悉站台门系统部件及位置。

1）运营前巡视：每日开站运营前对站台门是否进入正常运行状态进行确认，确认 PSL 开关站台门是否正常，确认系统报警信息（门单元、EMCS 或 MCS、PSA 信息）、门的关闭与紧锁状态是否正常。

2）运营期间巡视：监控站台门门单元开关状态，防止夹人、夹物；对进入轨行区的异物及时出清；对出现的故障及时报修。监控站台门应急门、端门、司机门日常操作状态。

2. 站台门巡视检查记录内容，详见表 3-3。

表 3-3　站台门巡视检查记录内容

巡视时间：	巡视人：	互检人：	专检人：
部件	巡视项目与结果		
日常巡检全部项目			存在的问题
设备房	检查设备房门、锁	是否完好	
	检查设备房通风	是否良好	
	检查设备房内温度、湿度	是否在允许范围内	
	检查设备房内	有无漏水	
	检查设备房安全标识	是否齐全、清晰、完备	

（续）

日常巡检全部项目			存在的问题
电源	检查电源柜体	是否清洁、无异味、无杂音、无异常温升	
	检查电源柜体通风散热	是否良好	
	检查电源柜（驱动、控制）	有无报警声、历史故障记录	
	检查电源柜（驱动、控制）电压、电流	是否正常	
	检查整流、逆变模块运行	是否正常	
	检查蓄电池外观、温升	是否完好、正常，有无变形、漏液、鼓胀，安全阀开启、接线端及气孔无盐霜现象	
控制系统	检查 PSC 柜体	是否清洁、无异味、无杂音、无异常温升	
	检查 PSC 柜体通风散热	是否良好	
	检查 PEDC 工作状态	是否正常	
	检查 PSL 外观、安装	是否完好、紧固	
门体	检查站台门开、关门运行	是否正常	
	检查门体玻璃	是否有划伤、破裂现象	
门机	检查门状态指示灯	是否显示正常	
	检查蜂鸣器声音	是否正常	
日常维护全部项目			
电源	清洁电源柜	清洁、无尘	
	检查电源柜元器件外观、温升	是否完好、正常	
控制系统	清洁 PSC、PSL	清洁、无尘	
	检查电缆桥架	是否安装紧固、表面清洁	
	检查 PSC、PSL 元器件外观、温升	是否完好、正常	
门体	清洁滑动门门槛、导槽	清洁、无异物	
	检查前盖板、盖板锁、支撑杆	是否完好、间隙紧密	
门机	检查门头	有无漏水	
	清洁门机导轨	清洁、无异物	
设备房	检查与低压配电箱、等电位箱接线	是否紧固、无松脱、无老化、无异常发热	

【检查与控制】

观察员根据操作员的工作过程评分，具体评分细则见表 3-4。

表 3-4 认识站台门系统评分表

序号	考核项目	考核内容及要求（评分要点）	配分	评分标准	扣分
1	巡视检查	确认门体结构 确认控制系统	20	不熟悉门体结构位置，扣 5 分 不熟悉控制系统位置操作，扣 5 分 工具准备不齐全，扣 5 分	

课堂笔记

课堂笔记

（续）

序号	考核项目	考核内容及要求（评分要点）	配分	评分标准	扣分
2	设备房	设备熟悉 流程正确 巡视内容完整	20	设备认识错误，扣5分 流程错误，扣5分 巡视内容不完整，扣5分	
3	电源	设备熟悉 流程正确 巡视内容完整	20	设备认识错误，扣5分 流程错误，扣5分 巡视内容不完整，扣5分	
4	控制系统	设备熟悉 流程正确 巡视内容完整	20	设备认识错误，扣5分 流程错误，扣5分 巡视内容不完整，扣5分	
5	门体/门机	流程正确 巡视内容完整	10	流程错误，扣5分；巡视内容不完整，扣5分	
6	安全保护	劳保穿戴齐全	5	劳保穿戴不全，扣3分	
		文明操作、工具摆放有序	5	乱摆乱放工具、量具，扣2分	
总分			100	得分	

观察员： 操作员： 时间：

【评价反馈】

1. 自我评价

我做得好的地方	我还存在这些方面的问题
□ 动作准确	□ 动作不到位
□ 工具使用规范	□ 工具使用不规范
□ 操作步骤熟悉	□ 操作步骤不熟悉
□ 零件摆放整齐	□ 工具摆放不整齐
□ 操作用时合理	□ 操作用时过长
□ 工作态度端正	□ 工作态度不够端正

2. 小组评价

我们组做到了：□ 全员参与 □ 分工明确 □ 工作高效 □ 完成了工作任务

3. 教师评价

评价内容	评价指标	等级（A/B/C）
综合素养方面	1）态度是否积极，是否主动组织或参与活动 2）与小组同学合作是否良好 3）活动是否认真、善始善终 4）是否勇于克服困难	
知识技能方面	1）查阅资料技能 2）实地观察记录能力 3）调查研究能力 4）整理材料能力	

【知识巩固】

一、选择题

1. 在紧急的情况下，可以操作（　　）开门。

A. IBP　　B. LCB　　C. PSL

2. 障碍物探测次数为（　　）。

A. 1　　B. 2　　C. 3

3. 站台门系统运行强度应满足每天运行（　　）h，每 90s 开/关 1 次，每年 365 天连续运行。

A. 15　　B. 20　　C. 30

4. MMS 监控主机主要功能为（　　）。

A. 收集滑动门所有信息　　B. 监视开关门命令

C. 发送安全电路信号

5. 站台门应设置在车站站台边的有效站台长度范围内，并以（　　）为基准向两端对称布置。

A. 车站中心里程　　B. 有效站台中心线

C. 轨道中心线

二、判断题

1. 滑动门关闭过程中若遇到障碍物，会通过 3 次减速的检测功能，检测是否有障碍物的存在，如果第三次探测到障碍物仍然存在，DCU 会发送停止命令，马上停止滑动门的运动状态。（　　）

2. 全高站台门所有的门上方盖板上均有门头指示灯，当开门或关门时指示灯会有不同状态的显示。（　　）

3. 全高站台门每侧的第一道滑动门和第二十四道滑动门的 DCU 与相邻的端门的行程开关连接，当端门关闭且锁紧后相邻滑动门门灯和端门门灯熄灭，当端门打开后，端门门灯常亮，相邻滑动门门灯闪烁。（　　）

4. 站台门可以接收远程操作和被驱动的开门和关门命令，而通过这个功能可以响应来自控制着列车运动的信号系统的命令。因此站台门在信号系统的控制期间只有列车停下来时才能被打开，而在关闭且锁紧后列车才允许离开。（　　）

课堂笔记

课堂笔记

任务三 站台门系统常见故障处理

【任务描述】

星期一上午，某地铁公司机电组工班办公室小刘收到通知，某地铁站台门出现PSL/IBP指令故障不能正常运行，为了完成工作任务，需要熟悉站台门常见故障。

【学习目标】

目标名称	目标内容
知识目标	能口述站台门机械结构组成
	能口述站台门电气系统构成
	能口述站台门电气系统功能
技能目标	能独立熟练操作站台门 PSL/IBP 指令故障
	能与他人合作，进行有效沟通，能按 6S 管理规定作业

【知识准备】

通常来说，地铁站台门主要安装在地铁站台边缘上，其作用是将乘客与地铁隔开，从而最大限度地保障乘客人身安全以及地铁运行。结合实践来看，地铁站台门系统主要由机械与电气两部分组成，其中前者又有门体结构和门机传动系统，而后者主要有供电以及控制系统，并且上述这些系统接口极多，这就意味着其故障率较高。为了充分保障地铁站台门发挥作用，准确掌握地铁站台门电气控制系统构成以及理解其常见故障的原因，并熟练对其进行处理十分必要。

一、地铁站台门电气控制系统构成及其功能分析

地铁站台门电气控制系统一般由中央控制盘（PSC）、就地控制盒（LCB）、就地控制盘（PSL）、门控单元（DCU）、站台门状态显示盘（PSAP）、声光报警装置、车控室综合后备盘（IBP）及总线网络等组成，并且由现场总线（ProfiBus）构成分布式控制系统实现地铁站台门全部自动化功能。此外，为了保障地铁安全运行，一般每个车站都在其上下行站台设置两个独立运行的控制子系统。

1. 中央控制盘（PSC）

地铁站台门电气控制系统的中央控制盘通常安装在站台门控制室，其主要由PSC监控电脑、各站台的PEDC、报警单元以及供电设备组成。中央控制盘功能一般是①控制和反馈。执行信号系统所发出的指令控制DCU实现开闭门操作，随后将站台门状态信息反馈回信号系统。②执行。对相关操作指令（PSL、IBP盘）实时

执行。③存储与修改。管理和存放系统软件和控制数据，并根据相关要求执行速度曲线参数修改操作。

2. 就地控制盒（LCB）

地铁站台门电气控制系统就地控制盒通常安装在每一扇滑动门顶箱中，其主要由集自动、手动以及隔离于一身的钥匙开关，开门按钮以及关门按钮构成。就地控制盒主要功能有：①维修。用于自动接收信号，开关门和故障隔离维修；②保护。就地控制盒中，开门按钮与关门按钮形成逻辑互锁关系，这就使地铁站台门无法同时发出开门和关门命令，进而保障地铁运行和乘客的安全。

3. 就地控制盘（PSL）

地铁站台门电气控制系统中就地控制盘是站台的应急控制设备，一般安装在站台两端，并且每端设置两套就地控制盘。其功能主要在于控制整侧站台门的开闭，即一旦信号系统无法控制站台门，站台工作人员可通过 PSL 对站台门进行站台级控制；当个别门故障不能关闭锁紧而无法发车时，在保障人员安全的情况下，列车司机可通过 PSL 向信号系统发送“PSD/EED 互锁解除”信号，允许列车进/离站。

4. 门控单元（DCU）

地铁站台门电气控制系统中门控单元主要安装在滑动门上方顶箱中，一般由门控模块（DCM）以及接口模块（IFM）组成。其主要功能是：①控制与检测。对地铁站台门开关进行控制，并且实时检测门所处状态；②存储与诊断。具有足够存放数据的存储单元用来存储门的状态信息和实现自诊断功能；③通信。门控制系统具有网络通信功能。

5. 站台门状态显示盘（PSAP）

地铁站台门电气控制系统中状态显示盘主要安装在站台监控室，其主要功能是监视和报警：①监视。主要用在数据总线、供电电源和信号系统故障以及安全电路和开关门状态监视上；②报警。一旦站台门系统出现故障，状态显示盘便会发出报警音响信号。

6. 声光报警装置

地铁站台门电气控制系统中声光报警装置一般安装在每扇滑动门上方顶盒中，其主要功能是站台门开/关门时向乘客发出声光预警信号。此外，声光报警装置一旦检测到任何一扇站台门意外开启也会报警，防止乘客受到伤害。

7. 车控室综合后备盘（IBP）

地铁站台门电气控制系统中车控室综合后备盘一般安装在车控室内，其主要功能在于在紧急情况下对站台门进行开/闭。

二、地铁站台门电气控制系统常见故障及其处理

地铁站台门电气控制系统常见的故障主要有档门、安全电路以及电路三方面故障。

1. 档门故障及其处理

档门中又分为单档门和多档门两类，其故障也相应分为两类。

（1）单档门故障及其处理　单档门故障主要有单一滑动门关门失败故障、开门失败故障。

1）单一滑动门关门失败故障表现为滑动门没有完全关到位，左、右滑动门之间有间隙，门单元的门头指示灯闪亮，而整侧站台门的安全电路不通，就地控制盘（PSL）面板的“关闭与锁紧”指示灯不亮。故障处理方法：首先，检查门单元是否进入障碍物模式，若是，检查及清除障碍物后复位；其次，检查门头电源模块

课堂笔记

课堂笔记

（或 LPSU—就地供电单元）是否有故障，若因故障不能正常复位，更换模块；再次，若故障持续，根据 PSA/MMS 诊断信息检查门机相关部件；最后检查门控单元（DCU）是否有故障，若因故障不能正常复位，更换 DCU。

2）开门失败故障表现为滑动门没有完全打开，左、右滑动门距离小于 2m，门单元的门头指示灯闪亮。故障处理方法：首先，检查门单元是否进入障碍物模式，若是，检查及清除障碍物后复位；其次，检查门头电源模块（或 LPSU）是否有故障，若因故障不能正常复位，更换模块；再次，检查电动解锁装置是否动作正常，若故障持续，根据 PSA/MMS 诊断信息检查门机相关部件；最后，检查 DCU 是否有故障，若因故障不能正常复位，更换 DCU。该故障处理措施要隔离故障门，随后再逐项检查排除故障。

（2）多档门故障及其处理　多档门故障主要有整侧站台门无法开启以及连续五档门无法开启两种。

1）整侧站台门无法开启故障。该故障有以下几个处理措施：首先，工作人员要检查控制与驱动 UPS 状态指示灯，看指示灯是否正常，随后还需要排查 PSC 柜内各空开、继电器以及熔断器，若电源故障，先旁路运行；其次，若站台门 PSC 柜中电源开关断开，可导致整侧站台门不能收到开门信号，从而无法正常开启；最后，若上行或下行继电器故障，用 KU2 或 KD2 继电器更换；若熔丝烧坏，用备用熔丝更换。

2）连续五档门无法开启故障。该故障处理措施是检查第一档门开门信号输出端是否松脱。

2. 安全电路故障及其处理

地铁站台门电气控制系统安全电路故障主要有关闭锁紧持续丢失列车紧制故障以及电磁锁故障两种。

1）关闭锁紧持续丢失列车紧制故障。该故障产生的主要原因是关闭与锁紧开关插接器接触不良导致关闭锁紧丢失。其故障处理措施：工作人员要对滑动门 DCU 母板上两个关闭锁紧接头左关闭、右关闭以及锁紧检测开关接线进行检查，看它们是否松脱，若松脱则只需把松脱的插接器拔出并将插头用钳子压紧再接回。

2）电磁锁故障。该故障处理措施：立即隔离，根据系统记录的报警信息，用备用的电磁锁把故障的换下后再修复。很少发生电磁锁线圈烧毁的现象，若有更换即可。

3. 电路故障及其处理

地铁站台门电气控制系统电路故障一般是由于灰尘、潮湿、振动等原因而造成其插接器接触不良或松脱。其故障处理措施：首先检查电路电压是否正常，随后根据电压情况判断出故障点。

【信息收集】

一、我们的学习任务是什么？

____

____

____

二、为顺利完成本学习任务，请按下列要求完成信息的收集。

1. 常见站台门电气控制系统构成及功能有哪些？

____

2. 站台门电气控制系统常见故障处理措施有哪些？

______

______

【制订计划】

请根据描述的现象和任务要求，确定所需的工具和物品，并对小组成员进行合理分工，制订详细的操作计划。

1. 请在下表中选择在操作中可能用到的工具和物品（在对应的选项中打√即可）。

工具和物品名称	选择	
手套	□可能	□不可能
安全帽	□可能	□不可能
万用表	□可能	□不可能
对讲机	□可能	□不可能
专用操作钥匙	□可能	□不可能
清洁毛刷	□可能	□不可能
手电筒	□可能	□不可能
扳手	□可能	□不可能
十字螺钉旋具	□可能	□不可能

2. 小组成员分工：

序号	组长	观察员	操作员	备注

3. 站台门系统常见故障处理操作计划：

1）站台门故障及其处理：______

2）安全回路故障及其处理：______

3）电路故障及其处理：______

【实施计划】

1. PSL/IBP 指令故障描述

第一种故障情况：当列车停靠在站台正确位置时，司机发出“开门”指令，此时由于信号系统连接故障，虽然车门打开，但站台门依然保持关闭，同时经行车调度员授权的站台工作人员从 PSL/IBP 发出命令给站台门，但站台门依然无响应。

第二种故障情况：当列车停靠在站台正确位置时，此时司机发出“关门”指

课堂笔记

课堂笔记

令，由于信号系统连接故障，车门关闭，站台门保持打开，经授权的站台工作人员从 PSL/IBP 发出命令给站台门，但 ASD 无响应。

2. 故障处理流程

此类故障，常按照以下操作流程解决。

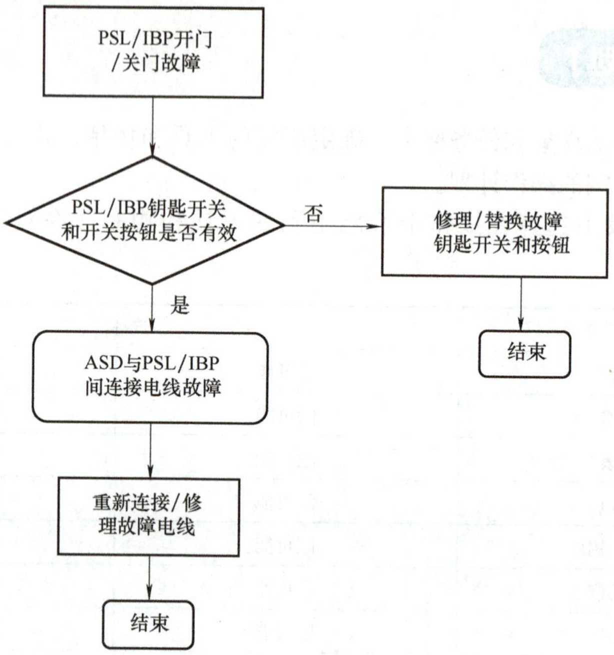

【检查与控制】

观察员根据操作员的工作过程评分，具体评分细则见表 3-5。

表 3-5　认识站台门系统评分表

序号	考核项目	考核内容及要求（评分要点）	配分	评分标准	扣分
1	故障排查	确认故障点 根据流程修理	30	门体结构位置不熟悉，扣 5 分 控制系统位置操作不熟悉，扣 5 分 工具准备不齐全，扣 5 分	
2	PSL 操作	检查 PSL 开门操作 关门操作	20	认识错误，扣 5 分 操作错误，扣 5 分；认识错误，扣 5 分 操作错误，扣 5 分；认识错误，扣 5 分	
3	IBP 操作	检查 IBP 紧急情况开门操作	20	操作错误，扣 5 分；认识错误，扣 5 分 操作错误，扣 5 分；认识错误，扣 5 分	
4	工具具体使用	正确选用工具 正确使用工具	20	操作错误，扣 5 分；认识错误，扣 5 分	
5	安全保护	劳保穿戴齐全 文明操作、工具摆放有序	10	劳保穿戴不全，扣 3 分 乱摆乱放工具、量具，扣 2 分	
		总分	100	得分	

观察员：　　　　　　操作员：　　　　　　时间：

【评价反馈】

1. 自我评价

我做得好的地方	我还存在这些方面的问题
□ 动作准确	□ 动作不到位
□ 工具使用规范	□ 工具使用不规范
□ 操作步骤熟悉	□ 操作步骤不熟悉
□ 零件摆放整齐	□ 工具摆放不整齐
□ 操作用时合理	□ 操作用时过长
□ 工作态度端正	□ 工作态度不够端正

2. 小组评价

我们组做到了：□ 全员参与 □ 分工明确 □ 工作高效 □ 完成了工作任务

3. 教师评价

评 价 内 容	评 价 指 标	等级（A/B/C）
综合素养方面	1）态度是否积极，是否主动组织或参与活动 2）与小组同学合作是否良好 3）活动是否认真、善始善终 4）是否勇于克服困难	
知识技能方面	1）查阅资料技能 2）实地观察记录能力 3）调查研究能力 4）整理材料能力	

课堂笔记

【知识巩固】

请完成下列名词解释：

1）站台门（PSD）：

2）应急门（EED）：

3）端门（MSD）：

4）司机门（DSD）：

5）门机：

6）门控单元（DCU）：

7）锁紧机构：

8）解锁机构：

9）就地控制盘（PSL）：

10）中央控制盘（PSC）：

延伸阅读

雷锋同志是一名驾驶员，他整天驾驶汽车东奔西跑，很难抽出时间学习，他就把书装在挎包里，随身带在身边，只要车一停，没有其他工作，他就坐在驾驶室里看书。他曾在日记中写下这样一段话：“有些人说工作忙，没时间学习，我认为问

课堂笔记

题不在工作忙，而在于你愿不愿意学习，会不会挤时间，要学习的时间是有的，问题是我们善不善于挤，愿不愿意钻。一块好好的木板，上面一个眼也没有，但钉子为什么能钉进去呢？这就是靠压力硬挤进去的。由此看来，钉子有两个长处：一个是挤劲，一个是钻劲，我们在学习上也要提倡这种‘钉子’精神，善于挤和钻。”

作为一名地铁机电设备维修人员，也需要钉子精神，碰到小问题能快速定位故障、解决故障，保障工作的正常开展。正如雷锋同志曾经说过的话：“如果你是一颗最小的螺丝钉，你是否永远坚守在你生活的岗位上？”

【学而思】

1. 请你搜集几个历史上与攻坚克难有关的经典故事跟同学们分享一下。

2. 结合本项目的学习，谈谈今后你在工作中如何做到坚守岗位、攻坚克难？

项目四
自动售检票系统（AFC）运行与维护

04

自动售检票系统（Automatic Fare Collection System，AFC）是基于计算机、通信、网络、自动控制等技术，实现轨道交通自动售票、检票、计费、收费、统计、清分、管理等全过程的自动化系统，也是一种由计算机集中控制的自动售票（包括票厅售票）、自动检票以及自动收费和统计的封闭式自动化网络系统。

本项目的学习任务如下：

任务一　自动售票机（TVM）的维护与故障处理
任务二　自动检票机（AGM）的维护与故障处理
任务三　半自动售票机（BOM）的维护与故障处理

课堂笔记

任务一 自动售票机（TVM）的维护与故障处理

【任务描述】

星期一上午，乘客在自动售票机上选择目的地后，发现无法投币，立即告知站务人员，站务人员立即处理并报维修。为了不影响正常运营，需要快速查找故障原因，解决故障。

【学习目标】

目标名称	目标内容
知识目标	能口述自动售票机设备的工作原理
	能指出自动售票机设备的结构
技能目标	能独立完成自动售票机设备的日常维护
	能独立熟练完成自动售票机设备的常见故障排查
	能与他人合作，进行有效沟通，能按实训室管理规定进行作业

【知识准备】

一、自动售票机（TVM）概述

自动售票机（Ticket Vending Machine，TVM）设置在非付费区，具备发售地铁车票、一卡通充值等功能，可进行硬币、纸币的识别、储存、找零。它能够按照地铁设定的票务规则对车票进行赋值发售，并对收取的现金进行识别回收和找零。同时，将产生的交易数据文件实时发送给车站计算机。

二、自动售票机结构与功能

自动售票机的核心部件是主控单元，主要负责控制内部模块的运行、接收来自各模块的信息反馈。自动售票机由乘客显示器、运营状态显示器、车票发行模块、充值卡座、纸币循环找零模块、硬币处理模块、票据打印机、维修打印机、维修模块、电源模块、UPS、主控单元模块等独立部件组成，它们通过相应线缆进行连接。

各模块接收主控器指令，实现各模块功能，并及时反馈执行结果，实现车票发售交易，实时记录车票交易信息、票务数据等信息，并通过 AFC 局域网，实时上传交易信息与设备状态信息。自动售票机能够根据预先设定的运营模式，在每个运营日自动实现运营的开始与结束，减少人工的介入。

TVM 外部结构的主要部件在乘客购票时需要使用，包括乘客显示屏、硬币纸币投币口、运营状态显示器、找零取票口等。某地铁公司自动售票机（TVM）外部结构如图 4-1 所示。

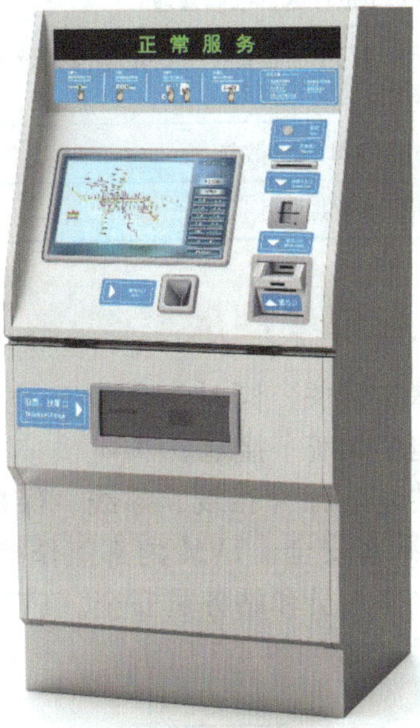

图 4-1 自动售票机（TVM）外部结构

TVM 内部安装了设备所有的核心部件，TVM 内部模块名称及功能见表 4-1。

表 4-1 TVM 内部模块名称及功能

序号	模块名称	功能
1	主控单元模块	负责运行控制软件，实现车票处理、通行控制、数据通信、状态监控功能
2	运营状态显示器	用于显示当前设备的运行模式，包括暂停服务、无找零、不收纸币、仅收纸币、不收硬币、仅充值、仅网络支付等信息
3	乘客显示器/触摸屏	用于显示有关购票、充值等操作信息，乘客将通过触摸屏显示器完成相应操作
4	单程票发售模块	完成供票、赋值及出票的处理过程
5	储值票处理模块	对储值票进行读写处理
6	硬币处理模块	主要实现硬币的识别、接收、返还、循环找零、清币、模块故障自诊断功能
7	纸币循环找零模块	主要实现纸币的识别、接收、找零、返还、模块故障自诊断功能
8	维修面板	帮助维修人员进行设备维护、故障诊断及模式设置操作
9	I/O 板	监控信号的输入、输出
10	读写器	检测和读写各类车票
11	电源模块	为 TVM 内的各模块提供稳定的直流电源
12	TVM 辅助电路板	主要包括维修灯板、取票口灯板、功放板
13	票据打印机	主要打印乘客购票和充值票据
14	维修打印机	主要打印日结、账单
15	蜂鸣器	对非正常操作进行报警
16	扬声器	对乘客操作进行语音提示

课堂笔记

课堂笔记

（续）

序号	模块名称	功　能
17	前后维修门	主要是进行运营维修管理
18	UPS	正常情况下为设备提供稳定电流，设备断电时为设备进行电力供应，保证最后一笔交易完成
19	散热风扇	加快 TVM 内部散热
20	手持维修灯	为维修提供照明

三、主要部件电路和信号连接

在配电柜里安装有漏电保护开关，同时每台 TVM 电源模块有一个漏电保护器，所有设备电源保护地线在配电柜端统一接地。

TVM 整机外壳与 TVM 供电电源（相线、零线、保护地线）的保护地线相连，保证 TVM 整机零电势，保护乘客安全；TVM 内部工作接地（直流电源负极）通过单点与保护地线相连，保证维修人员和站务员安全。TVM 整机电路连接如图 4-2 所示，TVM 主要设备与主机信号连接如图 4-3 所示。

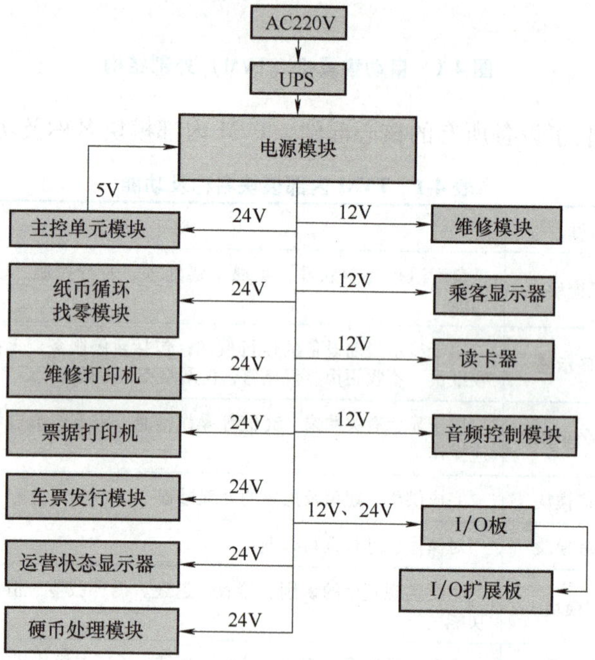

图 4-2　TVM 整机电路连接

四、设备构成主要模块介绍

1. 纸币循环找零模块

纸币循环找零模块由主控器控制，主要功能是在乘客购票和充值时进行纸币识别、收储及找零，并将信息反馈给主控制器。纸币循环找零模块外观如图 4-4 所示。

2. 硬币处理模块

硬币处理模块用于硬币购票、硬币找零以及硬币清空，具有硬币识别、疑似假币或原币退还、硬币暂存、所投硬币在取消交易时将全部原币退还、硬币收入、硬币补充、硬币找零、硬币回收和硬币清空等功能，还有对硬币钱箱进行电子编号、设置钱箱机械锁等保护现金安全措施。硬币处理模块外观如图 4-5 所示。

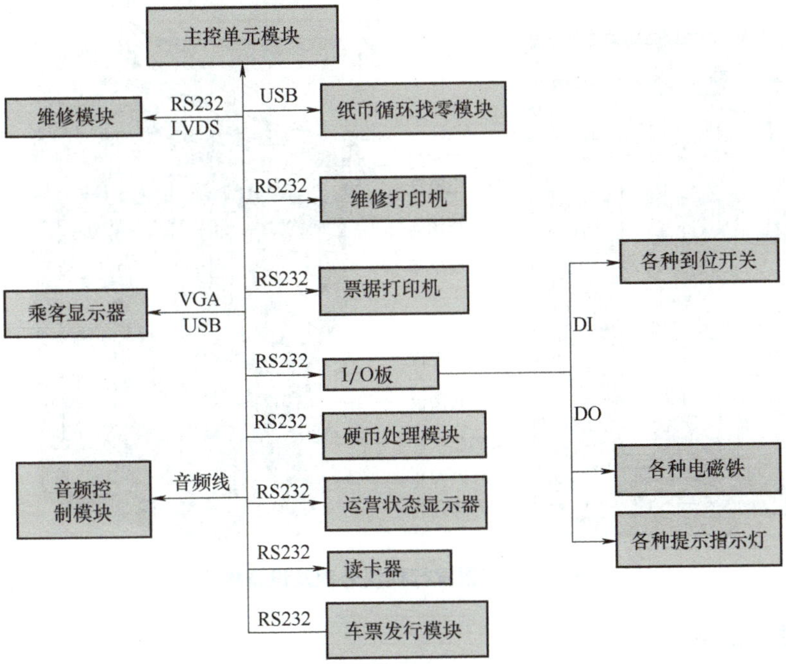

图 4-3 TVM 主要设备与主机信号连接

图 4-4 纸币循环找零模块外观

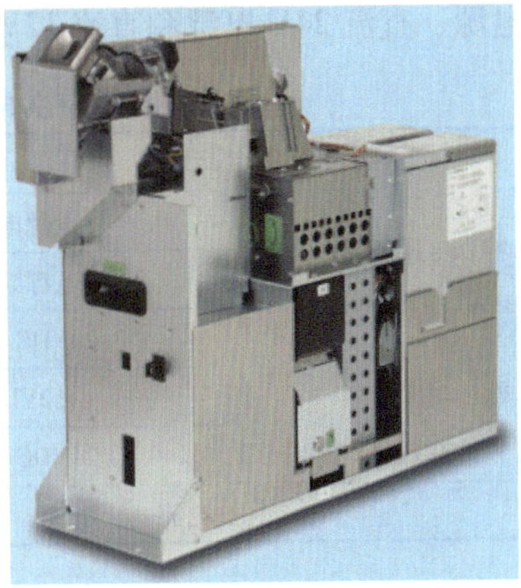

图 4-5 硬币处理模块外观

课堂笔记

3. 单程票发售模块

目前，国内轨道交通行业常用的单程票发售模块有两种，分别是代币式车票发行模块和票卡式发行模块。下面重点介绍票卡式发行模块。

车票发行模块外观及设备构成如图 4-6 所示。

4. 主控单元模块

TVM 采用专用主控单元，主控单元起到至关重要的核心作用，控制着 TVM 内部所有电器。TVM 所要实现的购票、充值、数据上传等功能都由主控单元来控制完成。主控单元采用嵌入式工业控制计算机系统，特别适合智能交通 AFC 行业，采用标准化、模块化、系列化设计理念，产品功能丰富、扩展灵活、可靠性高，具有良好的抗振动、抗冲击、电磁兼容和防尘防潮能力，能保证整机 24 小时不间断稳定运行，并具备足够的能力提供指定的功能。

课堂笔记

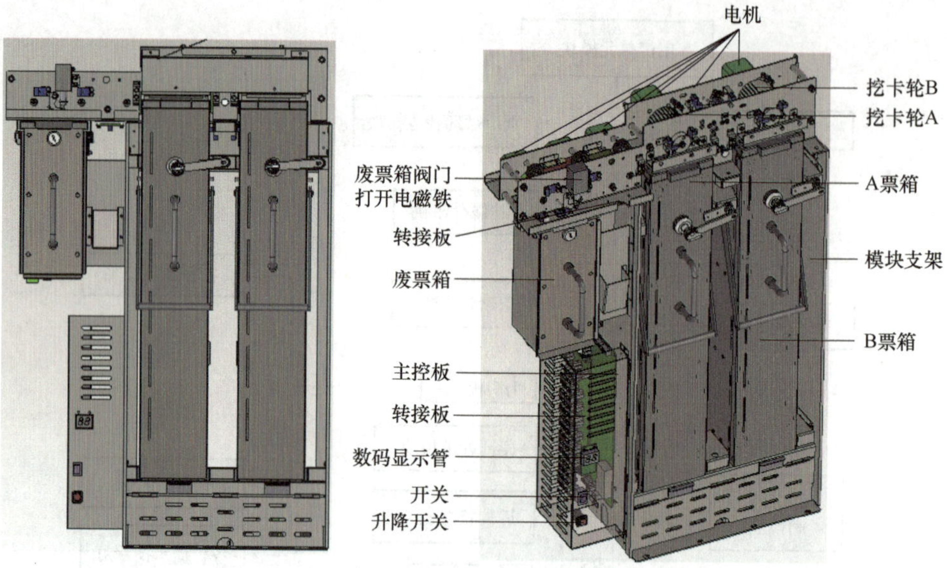

图 4-6　车票发行模块外观及设备构成

5. 维修模块

维修模块用于站务员更换钱箱、票箱等业务操作和维修员查询信息和测试等操作，集成了操作键盘、显示屏及各设备状态灯。

6. 电源模块

电源是自动售票机的核心部件之一，对整机的其他部件提供电压，能够提供交流 220V 电源、直流 24V 电源和直流 12V 电源，开关电源电气特性参数见表 4-2。

表 4-2　开关电源电气特性参数

项　目		参　数
输入电压	电源电压	AC220V（-15%~+10%）
	电源频率	50Hz（±4%）
输出功率	24VDC（1）	50W
	12VDC	150W
	24VDC（2）	500W
漏电保护电流		30mA

五、自动售票机（TVM）的维护

自动售票机是负责地铁车站售票的主要设备，担负着地铁车站现金收入的重要任务，其维护作业的重点内容包括钱币的接收和处理模块、车票发售模块、硬币模块等。

自动售票机频繁地进行接收纸币和硬币、发售车票、找零等动作，会加快相关组件的积尘、磨损。因此，TVM 需要加强相关模块的维护工作，增加维护周期，对纸币和硬币模块、车票发售模块进行重点维护作业，可以保证设备的正常运行。TVM 计划性检修项目与周期见表 4-3，相关工艺要求见表 4-4、表 4-5。

表 4-3　TVM 计划性检修项目与周期表

序号	计划性检修项目	巡视	年检
1	功能和外观检查	*	*
2	TVM 内部各模块清扫		*

（续）

序号	计划性检修项目	巡视	年检
3	票据/维修打印机打印、切纸测试		*
4	硬币模块指示灯、接收硬币、机械动作检查		*
5	硬币模块内部清洁，传动轴上油，内部结构检查		*
6	拆卸并清理循环找零箱		*
7	拆卸并清理备用找零箱		*
8	发售模块传动带、传感器、传输轴、丝杠动作、传输动作检查		*
9	发售模块丝杠润滑		*
10	主控单元线缆连接情况检查		*
11	主控单元内部清洁		*
12	主控单元磁盘碎片整理		*
13	触摸屏、显示器线缆连接情况检查		*
14	触摸屏定位校准		*
15	运营状态显示器线缆连接情况、坏点检查		*
16	维修面板线缆连接情况检查		*
17	读卡器、储值卡充值模块安装和线缆连接情况检查		*
18	电源模块线缆连接情况检查		*
19	电源模块内部清洁		*
20	电源模块输出电压检查		*

注：“ * ”代表应进行的检查

表 4-4　某地铁公司自动售票机（TVM）巡视作业工艺卡

某地铁公司自动售票机（TVM）巡视作业工艺卡			
作业性质：巡视	版本号：2.0	作业设备：TVM	作业时间：5min/站
作业项目：某地铁公司自动售票机巡视作业			
作业条件	设备处于正常状态		
检修项目	检修步骤及标准		
时钟检查	检查设备之间时钟相差是否在 10s 之内。标准：时钟误差小于 10s		
设备外观	设备外观检查。标准：设备外观无破损，无裂痕		
运营状态显示器	查看运营状态显示器 LED 灯。标准：内容显示正确、无坏点		
触摸屏	点击触摸屏，查看有无位置偏差，若有则重新校准。标准：线缆连接牢固，触摸屏定位准确		
模块功能	查看硬币口打开动作、纸币口指示灯、储值卡口打开动作。标准：设备各模块功能正常		
设备编号	查看设备编号是否脱落。标准：无脱落		

表 4-5　某地铁公司自动售票机（TVM）年检作业工艺卡

某地铁公司自动售票机（TVM）年检作业工艺卡		
作业性质：年检	版本号：2.0	作业设备：TVM
作业项目：某地铁公司 AFC 设备自动售票机（TVM）年检作业		
作业条件	设备处于整机断电状态	

课堂笔记

课堂笔记

（续）

某地铁公司自动售票机（TVM）年检作业工艺卡		
作业性质：年检	版本号：2.0	作业设备：TVM
生产性物资	名称	备注
工器具	手电筒、万用表、吹风机、螺钉旋具、内六角扳手、套筒	
耗材	纯棉布、扎带、棉签、润滑脂、链条油、纸币模块清洁纸、纸币模块清洁液、低值易耗品（防静电毛刷、羊毛刷、气球）	
劳保用品	劳保手套、口罩、防静电手环	
安全要点	（1）摆放安全警示牌，正常关机断电	
	（2）设备内部黑暗，清洁工作时需要照明设备的配合	
	（3）传感器清洁时需使用干净的无纺清洁布或者棉签，镜头表面若有污渍，须用棉签蘸异丙醇擦拭	
	（4）整机清洁完毕后，必须将所有部件恢复到原位	
	（5）接触电路板时佩戴防静电手环	
	（6）作业完成后将设备上电，确认各模块运转正常，进入程序后界面正常	
检修项目	检修步骤及标准	
主控单元	清洁主控单元表面及各串口线缆灰尘，并检查其安装是否牢固。标准：无灰尘，安装牢固	
运营状态显示器	清洁 LED 显示器表面及背部外壳表面，并检查串口线和电源线情况。标准：无灰尘，线缆紧固	
乘客显示器/触摸屏	用无纺清洁布清洁显示器边槽处灰尘，并检查背部连接线缆是否牢固。标准：无灰尘，线缆紧固	
单程票发售模块	（1）清洁模块表面、滑道及上方板槽内灰尘。标准：无灰尘，无积垢	
	（2）清洁单程票发售模块暂存区 A、暂存区 B、读写区、出票口、废票口传感器并检查各传感器接头连线情况，镜头表面若有污渍，须用棉签蘸异丙醇擦拭。标准：线缆连接无松动，传感器无灰尘	
	（3）清洁天线板、票箱 ID 板及单程票发售模块背部主控板。标准：无灰尘，无积垢	
	（4）清洁传动带、电机、传输通道滚轮。标准：无灰尘，无积垢	
	（5）清洁票箱装取磁开关和计数磁开关并检查各磁开关插头连线情况。标准：磁开关无灰尘，线缆连接无松动	
	（6）检查发卡通道出票口和 A、B 票箱出票口各轴承是否松脱，运转是否正常，检查胶皮轴的胶皮是否有松脱现象。标准：转动正常	
	（7）反复推拉发卡模块，检查滑道是否有滞碍感，螺钉是否有松脱。标准：滑道动作正常，无滞碍感	
	（8）检查单程票发售模块各电机有无断裂、生锈现象，有则去锈喷漆。标准：电机线缆无老化，电机表面无锈迹	
	（9）检查线缆是否磨损、断裂，标签是否清晰齐全。标准：线缆无损坏，标签齐全清晰	
	（10）进行单体测试，确认各部件是否正常。标准：设备各模块正常，无错误代码	
储值票处理模块	清洁模块表面，清洁储值票天线板，并检查接线是否牢固。标准：无灰尘、接线紧固	

（续）

某地铁公司自动售票机（TVM）年检作业工艺卡		
作业性质：年检	版本号：2.0	作业设备：TVM
生产性物资	名称	备注
硬币模块	（1）清洁模块表面。标准：无灰尘、无积垢	
	（2）用含有酒精的无纺清洁布或棉签来清扫甩出部、识别器、传输通道、暂存器。标准：无灰尘，无积垢	
	（3）清洁硬币投入检知传感器2个、计数传感器2个；循环漏斗近端传感器、计数传感器；备用找零箱计数传感器、近端传感器。标准：无灰尘、无积垢	
	（4）检查模块导轨是否有变形，螺钉是否松动；检查拖链、滑轨是否有脱节和损坏现象。标准：导轨无变形，螺钉无松动，拖链、滑轨拉入拉出正常	
	（5）清洁硬币模块传送带，并检查传送带是否有松弛现象（共两条），若有老化松弛现象应立即更换。标准：松紧适度，无老化	
	（6）检查线缆是否磨损、断裂，标签是否清晰齐全。标准：线缆无损坏，标签齐全清晰	
	（7）检查硬币模块控制板并清洁控制板。佩戴防静电手环，使用防静电毛刷清洁控制板及周围表面灰尘，并检查各插头是否虚连、松动 标准：控制板及周围表面无灰尘；各插头无虚连、松动，线缆无破损现象	
	（8）各部件进行注油 1）用润滑油对进款计数部、塑料转盘、暂存部、流出部中的连接轴承、返还闸门开闭轴（2处）、转盘驱动齿轮（3处）、连接轴承进行适量润滑 2）用润滑油对循环找零箱硬币送出弹片轴承部进行润滑 3）用润滑油对主机部转轴驱动齿轮轴承（6处）、出款传送带驱动齿轮（2处）进行适量注油 4）用润滑油对备用找零箱硬币送出弹片轴承部进行润滑 标准：润滑、上油均匀	
纸币接收模块	（1）纸币接收模块表面及纸币接收模块固定支架的灰尘和污垢，用无纺清洁布清洁。标准：无灰尘，无积垢	
	（2）传送带的清洁维护。标准：无灰尘、无积垢	
	（3）识别器的维护。标准：无灰尘、无积垢	
	（4）清洁轴承。标准：无灰尘、无积垢，转动灵活无异响	
	（5）清洁纸币循环找零模块主控板灰尘，并检查各连接线缆有无虚连、松动、老化现象。标准：电路板无灰尘，连接线缆紧固无老化破损	
	（6）检查导向开关打开是否灵活。标准：导向开关灵活	
	（7）清洁纸币循环找零模块传感器。标准：无灰尘，无积垢	
	（8）将钱箱表面用无纺清洁布擦拭干净。标准：无灰尘、无积垢	
	（9）检查线缆是否磨损、断裂，标签是否清晰齐全。标准：线缆无损坏，标签齐全清晰	
	（10）取下钱箱，打开盖板，清洁传输通道、框架。标准：无灰尘，无积垢	
	（11）用浸有酒精的软布擦拭各滚轮。标准：无灰尘，无积垢	
	（12）通过转动传送带电机旋钮用微湿无纺清洁布清洁传送带。标准：无灰尘	
	（13）检查前维护门机头处防静电毛刷是否倾斜或损坏。标准：毛刷无倾斜、无磨损	
	（14）检查线缆是否磨损、断裂，标签是否清晰齐全。标准：线缆无损坏，标签齐全清晰	
维修面板	（1）清洁维修面板显示器和键盘灰尘，并检查有无损坏情况。标准：无灰尘，无损坏	
	（2）检查维护面板串口、电源、USB连接线缆是否牢固。标准：显示正常，连线牢固	
	（3）检查维修面板旋转动作是否有滞碍感，螺钉是否有松脱。标准：旋转动作正常，无滞碍感	

课堂笔记

课堂笔记

（续）

某地铁公司自动售票机（TVM）年检作业工艺卡		
作业性质：年检	版本号：2.0	作业设备：TVM
生产性物资	名称	备注
I/O 板	清洁 I/O 板灰尘，并检查线缆连接是否牢固。标准：无灰尘	
读写器	清洁读写器表面灰尘，并检查线缆连接是否牢固。标准：无灰尘，安装牢固	
其他模块	清洁功放板、票据/维修打印机等剩余模块，并检查安装牢固情况。标准：无灰尘、安装牢固	
电源模块	（1）清洁电源模块及各线缆连接处、空气开关处及 UPS 的灰尘，并检查线缆连接情况。标准：无灰尘，安装牢固	
	（2）检查电源模块安装是否牢固，各连接线缆是否有松动或接触不良。标准：安装牢固无松动、无磨损	
	（3）用万用表 AC 交流电压档检查交流接线端子电压是否在 AC220V（-15%~10%）范围内。标准：电压在标准范围内	
	（4）清洁电源模块内部。按步骤关闭 TVM 及空气开关。打开电源模块外壳，用吹风机清洁内部灰尘，用防静电毛刷清洁电源模块内部杂质。标准：电源模块内无浮灰、绒絮	
	（5）用万用表 DC 直流电压档测试电源模块输出直流电源 1）DC 5.00V：设定值误差±2% 2）DC 12.00V：设定值误差±2% 3）DC 24.00V：设定值误差±2% 标准：电压在标准范围内	
上电检测	（1）对 C 盘、D 盘进行磁盘碎片整理。标准：各盘符使用不超过 80%	
	（2）查看设备是否处于正常服务状态。标准：处于正常服务状态	
作业收尾工作	清理作业现场，整理工器具，车控室消点，归还借出物品，填写《年检记录表》	

【信息收集】

一、我们的学习任务是什么？

____

____

____

二、为顺利完成本学习任务，请按下列要求完成信息的收集。

1. 供电模块维护

1）交流接线模块外观检查包括__________，交流输入电压测量为__________。

2）直流电源模块外观检查包括__________，电压测量是__________。

3）不间断电源（UPS）进行的维修包括__________，电池电压测量是__________。

2. 主控单元维护

1）主控机连接线缆检查内容是__________。

2）主控机清洁内容是__________。

3）主控机在检查、清洁完成后需要完成__________。

3. 纸币模块维护

纸币模块检查内容包括__________

____。

4. 硬币模块

1）硬币模块控制板维护内容是______________________________

____。

2）硬币模块接收部件的维护内容是____________________________

____。

3）硬币储存模块及固定组件的维护内容是______________________

____。

5. 车票处理模块

车票储物箱组件的维护内容是________________________________

____。

【制订计划】

请根据描述的现象和任务要求，确定所需的维护仪器、工具和材料，并对小组成员进行合理分工，制订详细的检查和维护计划。

1. 请在下表中选择在检修中可能用到的工具和物品（在对应的选项中打√即可）。

工具和物品名称	选择	
万用表	□ 可能	□ 不可能
尖嘴钳	□ 可能	□ 不可能
扳手	□ 可能	□ 不可能
一字螺钉旋具	□ 可能	□ 不可能
十字螺钉旋具	□ 可能	□ 不可能
清洁毛刷	□ 可能	□ 不可能
手电筒	□ 可能	□ 不可能

2. 小组成员分工：

序号	组长	观察员	操作员	备注

3. 自动售票机检查和维护计划：

1）TVM 主要部件的维护流程：______________________________

____

____。

2）TVM 检修与维护注意事项：______________________________

____

____。

3）TVM 维护操作步骤：__________________________________

____

____。

课堂笔记

【实施计划】

课堂笔记

TVM 维护作业记录表

作业车站： 设备编号： 检修人员：
作业日期： 开始时间： 结束时间：

序号	检修项目	状态及测量值	存在的问题
1	供电模块检查及测试	电源电压测量结果： UPS 功能测试结果：	
2	主控机检查及测试	主控机功能检测结果：	
3	纸币模块检查及测试	纸币存储组件检查结果： 纸币接收和找零组件检查结果： 功能测试结果：	
4	硬币模块检查及测试	硬币存储组件检查结果： 硬币接收和找零组件检查结果： 功能测试结果：	
5	车票处置模块检查及测试	SAM 卡及天线安装结果： 车票发售组件检查结果：	
6	乘客购票显示屏	外观检查结果： 功能测试结果：	
7	外围组件检查	打印机功能检测结果： 维修操作组件（键盘等）检测结果：	
8	其他组件检查	门锁、门传感器、检修灯、报警器等结果：	
9	系统软件检查	功能是否正常：	
10	整机功能测试	功能是否正常：	
11	设备状态分析		

【检查与控制】

观察员根据操作员的工作过程评分，具体评分细则见表 4-6。

表 4-6 自动售票机（TVM）的维护考核评分表

操作时间：30min

序号	考核项目	考核内容及要求（评分要点）	配分	评分标准	扣分
1	检查前准备	万用表 尖嘴钳 扳手 一字螺钉旋具 十字螺钉旋具 清洁毛刷	10	工具选用不正确，扣 10 分	
2	供电模块维护	检查内容正确	10	不会正确使用工具，扣 5 分	
		测试步骤正确		维护工艺不符合行业标准，扣 5 分	
3	主控机维护	检查内容正确	10	不会正确使用工具，扣 5 分	
		测试步骤正确		维护工艺不符合行业标准，扣 5 分	

（续）

序号	考核项目	考核内容及要求（评分要点）	配分	评分标准	扣分
4	纸币模块检查及测试	检查内容正确	10	不会正确使用工具，扣5分	
		测试步骤正确		维护工艺不符合行业标准，扣5分	
5	硬币模块检查及测试	检查内容正确	10	不会正确使用工具，扣5分	
		测试步骤正确		维护工艺不符合行业标准，扣5分	
6	乘客购票显示屏	检查内容正确	10	不会正确使用工具，扣5分	
		测试步骤正确		维护工艺不符合行业标准，扣5分	
7	其他外围组件检查	检查内容正确	10	不会正确使用工具，扣5分	
		测试步骤正确		维护工艺不符合行业标准，扣5分	
8	系统软件检查	测试步骤正确	10	操作不正确，扣10分	
9	整机功能测试	正确使用各种工具 不得损坏工具 不得浪费材料	10	工具使用方法不正确，浪费材料，一次扣2分 损坏工具、刻意浪费材料，不得分	
10	安全保护	劳保穿戴齐全	5	劳保穿戴不全，扣3分	
		文明操作、工具摆放有序	5	乱摆乱放工具、量具，扣2分	
	总分		100	得分	

观察员：　　　　　　　　操作员：　　　　　　　　年　　月　　日

【评价反馈】

1. 自我评价

我做得好的地方	我还存在这些方面的问题
□ 动作准确	□ 动作不到位
□ 工具使用规范	□ 工具使用不规范
□ 安装步骤熟悉	□ 安装步骤不熟悉
□ 零件摆放整齐	□ 工具摆放不整齐
□ 操作用时合理	□ 操作用时过长
□ 工作态度端正	□ 工作态度不够端正

2. 小组评价

我们组做到了：□ 全员参与　□ 分工明确　□ 工作高效　□ 完成了工作任务

3. 教师评价

评价内容	评价指标	等级（A/B/C）
综合素养方面	1）态度是否积极，是否主动组织或参与活动 2）与小组同学合作是否良好 3）活动是否认真、善始善终 4）是否勇于克服困难	

课堂笔记

课堂笔记

（续）

评价内容	评价指标	等级（A/B/C）
知识技能方面	1）查阅资料技能 2）实地观察记录能力 3）调查研究能力 4）动手操作能力	

【知识巩固】

一、选择题

1. 自动售票机的英文缩写是（　　）。

A. BOM　　B. AGM　　C. TVM　　D. AFC

2. 自动售票机中负责运行控制软件，实现车票处理、通行控制、数据通信、状态监控功能的模块是（　　）。

A. 主控单元　　B. 硬币模块

C. 纸币循环找零模块　　D. 单程票发售模块

3. 自动售票机中用于显示有关购票、充值等操作信息，乘客通过触摸屏显示器完成相应操作的模块是（　　）。

A. 主控单元　　B. 硬币模块

C. 运营状态显示屏　　D. 乘客显示器/触摸屏

4. 自动售票机中主要实现硬币的识别、接收、返还、循环找零、清币、模块故障自诊断功能的模块是（　　）。

A. 主控单元　　B. 硬币模块

C. 纸币循环找零模块　　D. 单程票发售模块

5. 自动售票机中帮助维修人员进行设备维护、故障诊断及模式设置操作的模块是（　　）。

A. 主控单元　　B. 运营状态显示屏

C. 维修面板　　D. 单程票发售模块

6. 自动售票机中完成供票、赋值及出票的处理过程的模块是（　　）。

A. 主控单元　　B. 运营状态显示屏

C. 维修面板　　D. 单程票发售模块

二、判断题

1. 纸币循环找零模块由主控器控制，其主要功能是在乘客购票和充值时进行纸币识别、收储及找零，并将信息反馈主控制器。（　　）

2. 电源模块的作用是对整机的其他部件提供电压，能够提供交流 220V 电源、直流 24V 电源和直流 12V 电源。（　　）

3. UPS 的作用是正常情况下为设备提供稳定电流，设备断电时为设备进行电力供应，保证最后一笔交易完成。（　　）

4. 自动售票机出现整机不能上电故障时，首先应该检查底部空气开关输入电源电压是否正常。（　　）

5. 进行自动售票机的电压测量的工具是万用表。（　　）

任务二 自动检票机（AGM）的维护与故障处理

【任务描述】

星期天上午，乘客在购票后拿着购买的票卡在自动检票机上刷卡准备进站时，发现读卡后自动检票机无法打开，乘客立即告知站务人员，站务人员立即处理并报维修。为了不影响正常运营，需要快速查找故障原因，解决故障。

【学习目标】

目标名称	目标内容
知识目标	能口述自动检票机设备的工作原理
	能指出自动检票机设备的结构
技能目标	能独立完成自动检票机设备的日常维护
	能独立熟练完成自动检票机设备的常见故障排查
	能与他人合作，进行有效沟通，能按实训室管理规定进行作业

课堂笔记

【知识准备】

一、自动检票机（AGM）概述

自动检票机（Automatic Gate Machine，AGM），又称闸机，布置于车站付费区与非付费区的交界处，通过检验车票，对通行乘客进站、出站进行自动控制。

二、自动检票机结构与功能

AGM 的设计充分考虑了本地的文化背景及人机工程学，在外观设计上及人机界面设计上追求人性化（如符合大多数乘客的右手持票习惯），操作及维护上追求简便化，同时从设备安全角度考虑有防尘和防静电设计。某地铁公司自动检票机外观如图 4-7 所示。自动检查机内部模块布局如图 4-8 所示（双向检票机）。

AGM 模块功能说明见表 4-7。

表 4-7 AGM 模块功能说明

序号	名称	功能
1	主控单元（ECU）	主要负责运行控制软件，实现车票处理、通行控制、数据通信、状态监控功能
2	通行控制器（PCM）	负责乘客通行逻辑控制、方向指示器控制以及紧急放行控制

课堂笔记

（续）

序　号	名　称	功　能
3	电源模块	为 AGM 内的各模块提供稳定的直流电源
4	扇门模块	控制乘客进出车站
5	通行传感器	检测乘客通行
6	主从 I/O 板	监控信号的输入、输出
7	票卡回收单元	回收乘客出站时的单程票
8	读写器	检测和读写各类车票
9	乘客显示器	用于为乘客提示各种信息，可以动态显示信息
10	维修门到位开关	检测维修门状态，当维修门被打开时 AGM 进入维护模式
11	维修门锁	用于锁定维修门，防止无关人员随意打开维修门
12	优惠票灯	显示车票的种类，对票箱将满和满的状态进行提示
13	蜂鸣器	对非正常操作进行报警
14	扬声器	对乘客操作进行语音提示
15	UPS	正常情况下为设备提供稳定电流，设备断电时为设备进行电力供应，保证最后一笔交易完成
16	二维码读头	识别二维码数据
17	蓝牙扩展板	广播蓝牙数据
18	手持维修灯	为维修提供照明

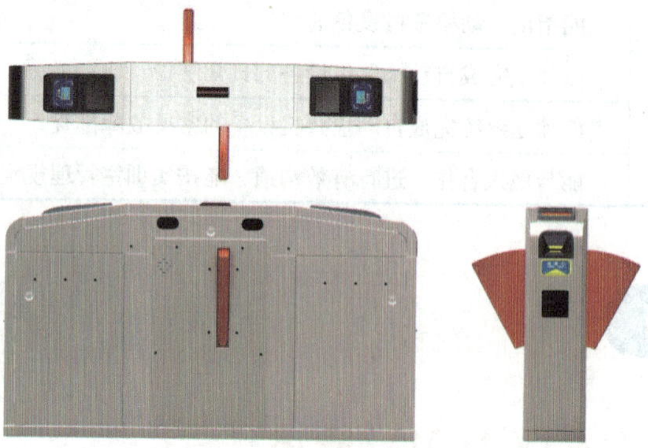

图 4-7　自动检票机外观

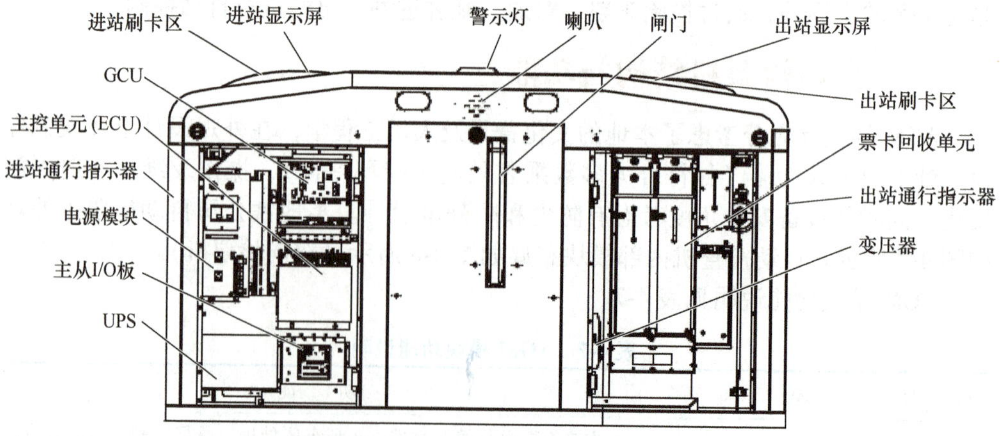

图 4-8　自动检票机内部模块布局

三、产品分类

1. 按配置分类

自动检票机需要由主机、从机构成一个通道，才能完成自动检票机的使用。

1）主机：提供整个通道电源、控制信号的采集和驱动。

2）从机：进站刷卡信息读取及乘客界面显示；跟随主机控制执行门单元相应动作。

3）中间机：从进站方向看，兼有左侧通道的从机功能和右侧通道的主机功能。

2. 按功能分类

根据自动检票机的使用功能，分为进站自动检票机、出站自动检票机和双向自动检票机。

1）进站自动检票机：只提供乘客进站功能。

2）出站自动检票机：只提供乘客出站功能。

3）双向自动检票机：提供乘客进站和出站两重功能。双向自动检票机可设置为“进站”“出站”“双向”三种模式。

3. 按通道宽度分类

按通道宽度分为标准通道自动检票机和宽通道自动检票机。

1）标准通道自动检票机：允许行人通行的宽度适用于普通行人。

2）宽通道自动检票机：允许行人通行的宽度适用于坐轮椅的残疾人或携带大宗行李或婴儿车的行人，两片自动检票机之间的距离超出标准通道自动检票机宽度。

4. 按机型分类

根据站厅布局，自动检票机一般按组布置于站厅，一组自动检票机按照安装位置可分为左边机、中间机、右边机。站在非付费区，面向付费区，最左侧设备为左边机，最右侧设备为右边机，左边机与右边机之间的设备为中间机。

左边机、中间机、右边机根据通道类型不同，其内部模块配置将有所不同，必要时配备乘客显示器、车票回收单元、读卡器/天线等单元模块。自动检票机组示例图如图 4-9 所示。

课堂笔记

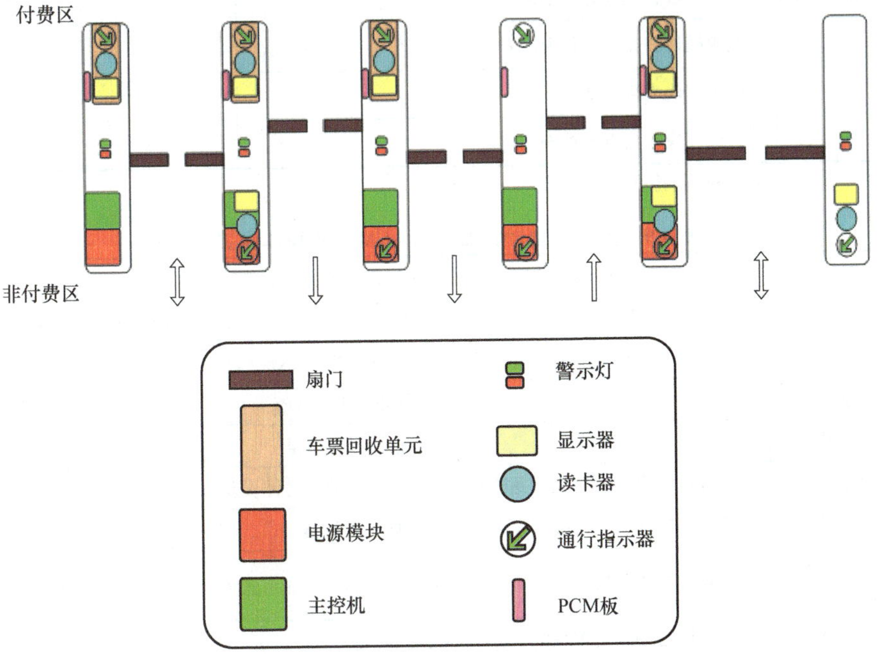

图 4-9 自动检票机组示例图

四、自动检票机（AGM）的维护

课堂笔记

自动检票机是控制乘客进出地铁车站付费区/非付费区的主要设备，担负着地铁车站客流组织、票务收入的重要任务，其维护作业的重点内容包括车票处理、通行控制等。

设备维护需要结合设备的使用特点、运行环境、经济指标等综合考虑，设置相应的维护周期，保障设备的正常运行。下面以我国某城市地铁的设备为例，介绍AGM主要模块的预防性维护内容与周期。AGM计划性检修项目与周期见表4-8，其相关工艺见表4-9和表4-10。

表4-8　AGM计划性检修项目与周期

序　号	计划性检修项目	巡　视	年　检
1	功能和外观检查	*	
2	AGM内部各模块清扫		*
3	主控单元线缆连接情况检查		*
4	PCM板线缆连接情况检查		*
5	SGM板线缆连接情况检查		*
6	机芯转动轴注油，内部结构检查		*
7	回收模块传送带、传感器检查		*
8	回收模块传输轴、丝杠动作检查		*
9	回收模块传输动作检查		*
10	回收模块丝杠润滑		*
11	主控单元内部清洁		*
12	读写器安装和线缆连接情况检查		*
13	二维码读头线缆连接情况检查		*
14	蓝牙扩展板线缆连接情况检查		*
15	电源模块线缆连接情况检查		*
16	电源模块内部清洁		*
17	电源模块输出电压检查		*

注：“*”代表应进行的检查

表4-9　某地铁自动检票机（AGM）巡视作业工艺卡

某地铁自动检票机（AGM）巡视作业工艺卡			
作业性质：巡视	版本号：2.0	作业设备：自动检票机（AGM）	作业时间：5min/站
作业项目：某地铁自动检票机（AGM）巡视作业			
作业条件	设备处于正常状态		
检修项目	检修步骤及标准		
时钟检查	检查设备之间时钟相差是否在10s之内。标准：时钟误差小于10s		
设备外观	设备外观检查。标准：设备外观无破损，无裂痕		
方向指示器/乘客显示器	检查方向指示器、乘客显示器是否正常。标准：显示器无明显变暗、花屏等现象		
设备编号	查看设备编号是否脱落。标准：无脱落		

表 4-10 某地铁自动检票机（AGM）年检作业工艺卡

某地铁自动检票机（AGM）年检作业工艺卡			
作业性质：年检	版本号：2.0	作业设备：AGM	作业时间：单进 40min/台，单出 60min/台
作业项目：青岛地铁 2 号线 AFC 设备自动检票机年检作业			
作业条件	设备处于整机断电状态		
生产性物资	名称	备注	
工器具	手电筒、吹风机、万用表、螺钉旋具、内六角扳手、套筒、活口扳手		
耗材	纯棉布、棉签、扎带、润滑脂、低值易耗品（防静电毛刷、羊毛刷、气球）		
劳保用品	口罩、劳保手套、防静电手环		
安全要点	（1）摆放安全警示牌，正常关机断电		
	（2）设备内部黑暗，清洁工作时需要照明设备的配合		
	（3）传感器清洁时需使用干净的无纺清洁布或者棉签，镜头表面若有污渍，须用棉签蘸异丙醇擦拭		
	（4）整机清洁完毕后，必须将所有部件恢复到原位		
	（5）接触电路板时佩戴防静电手环		
	（6）作业完成后将设备上电，确认各模块运转正常，进入程序后界面正常		
检修项目	检修步骤及标准		
主控单元	清洁主控单元表面及各串口线缆灰尘，并检查其安装是否牢固。标准：无灰尘，安装牢固		
PCM 控制板	清洁 PCM 板及各个接口处，并检查各元器件有无破损、烧焦现象，安装是否牢固。标准：线缆紧固，各元器件无异常现象，无灰尘		
通道传感器	清洁通道 16 对传感器并检查是否安装牢固。标准：无灰尘，安装牢固		
主从 I/O 板	清洁 AGM 主从控制器主板及接插线缆，并检查其安装情况。标准：无灰尘，安装牢固		
SGM 板	清洁各 SGM 板及接口和各指示灯的插头线缆。标准：无灰尘		
扇门模块	（1）检查扇门外观是否破损，扇门开关是否正常。标准：无破损，开关扇门正常		
	（2）扇门机芯弹簧拉力是否正常，限位开关是否牢固。标准：传感器正常，弹簧拉力正常，限位开关牢固		
	（3）检查扇门安装情况，查看是否有倾斜刮擦现象，若有倾斜，调整固定螺钉。标准：无倾斜		
	（4）打开两侧维护门，检查电动机组件、机械传动组件，查看组件是否有移位或将要脱离的现象。标准：电动机组件、机械传动组件安装牢固，位置正确		
	（5）检查扇门缓冲胶是否损坏，若有损坏，更换缓冲胶。标准：无损坏		
	（6）打开两侧维护门，摆动扇门摆臂，检查机械传动部分是否存在异响和有滞碍感，若有则调整机械传动部分，用油枪在转轴加些润滑油。标准：机械传动自如		
	（7）检查机芯内部 SGM 板安装是否牢固，线缆连接情况是否紧固。标准：转接板安装牢固，线缆连接紧固、无磨损		
	（8）清洁扇门机芯内部灰尘，用干净棉布擦拭油嘴处。用油枪向油嘴中注入润滑脂，以四周有油外溢为准。标准：油注满		

课堂笔记

课堂笔记

（续）

某地铁自动检票机（AGM）年检作业工艺卡			
作业性质：年检	版本号：2.0	作业设备：AGM	作业时间：单进40min/台，单出60min/台
检修项目	检修步骤及标准		
回收模块	（1）清洁回收模块外表及滑道灰尘。标准：无灰尘，无积垢		
	（2）清洁电机、导向翻板、旋转磁铁、主动轮和传送轮灰尘。标准：无灰尘，无污渍		
	（3）清洁入票口、闸门到位，清洁过程检测1、过程检测2、过程检测3、过程检测4传感器并检查各传感器接头连线情况，镜头表面若有污渍，须用棉签蘸异丙醇擦拭。标准：线缆连接无松动，传感器无灰尘		
	（4）清洁天线板、票箱ID板及单程票发售模块背部主控板。标准：无灰尘，无积垢		
	（5）清洁电机、传输通道滚轮。标准：无灰尘，无积垢		
	（6）检查A、B票箱和废票箱上方翻板是否松脱。标准：翻板动作到位		
	（7）清洁电动机组件和传动组件，并对票卡验证回收模块的锁紧位置、插入口锁舌、锁固齿轮位置注油，注油的地方若附着尘埃或磨耗的粉渣等异物，须用无纺清洁布仔擦拭后再注油。标准：表面清洁，无积垢，机械部分活动自如，无异响		
	（8）检查线缆是否磨损、断裂，标签是否清晰齐全。标准：线缆无损坏，标签齐全清晰		
二维码读头	清洁二维码读头表面灰尘，并检查线缆连接是否牢固。标准：无灰尘，安装牢固		
蓝牙回写模块	清洁蓝牙回写模块接插线缆，并检查其安装情况。标准：无灰尘，安装牢固		
读写器	清洁读写器表面灰尘，并检查线缆连接是否牢固。标准：无灰尘，安装牢固		
乘客显示器	检查连接线缆情况，检查显示器背部外观有没有破损。标准：线缆紧固，外观无破损		
电源模块	（1）清洁电源模块及各线缆连接处、空气开关处及UPS的灰尘，并检查线缆连接情况。标准：无灰尘，安装牢固		
	（2）检查电源模块安装是否牢固，检查电源模块各连接线缆是否有松动或接触不良。标准：安装牢固无松动		
	（3）万用表AC交流电压档检测交流接线端子电压是否在AC220V（±2%）范围内。标准：电压输入范围合适		
	（4）用万用表DC直流电压档测试电源模块输出直流电源 1）DC 5.00V：设定值误差±2% 2）DC 12.00V：设定值误差±2% 3）DC 24.00V：设定值误差±2% 标准：电压在标准范围内。 （5）清洁电源模块内部，设备关机后打开电源模块外壳，用吹风机、防静电毛刷清洁模块内部灰尘。标准：电源模块内无浮灰、杂质		
上电测试	（1）整机清洁完成后，上电启动设备，保证所有部件均已到位，标准：整机状态正常		
	（2）检查通行指示灯、优惠灯、刷卡灯显示是否正常。标准：显示灯能正常显示		
	（3）进入维护界面，通过测试功能，检查扬声器/蜂鸣器是否能正常工作。标准：扬声器、蜂鸣器提示音正常		
作业收尾工作	清理作业现场，整理工器具，车控室消点，归还借出物品		

【信息收集】

一、我们的学习任务是什么？

____

____

____

二、为顺利完成本学习任务，请按下列要求完成信息的收集。

1. 供电模块维护

1）交流接线模块外观检查包括________，交流输入电压测量为________。

2）直流电源模块外观检查包括________，电压测量是________。

2. 主控单元维护

1）主控机连接线缆检查内容是________。

2）主控机清洁内容是________。

3）主控机在检查、清洁完成后需要完成________。

3. 车票处理模块维护

车票处理模块检查内容包括________。

4. 回收模块

回收模块接收部件的维护内容是____

____

5. 电机/扇门处理模块

维护内容是____

____

6. AGM 辅助部件

显示屏的维护作业是____

____

【制订计划】

课堂笔记

请根据描述的现象和任务要求，确定所需的维护仪器、工具和材料，并对小组成员进行合理分工，制订详细的检查和维护计划。

1. 请在下表中选择在检修中可能用到的工具和物品（在对应的选项中打√即可）。

工具和物品名称	选择	
万用表	□可能	□不可能
尖嘴钳	□可能	□不可能
扳手	□可能	□不可能
一字螺钉旋具	□可能	□不可能
十字螺钉旋具	□可能	□不可能
清洁毛刷	□可能	□不可能
手电筒	□可能	□不可能

2. 小组成员分工：

序号	组长	观察员	操作员	备注

3. 自动检票机检查和维护计划：

1）AGM 主要部件的维护流程：____

____

课堂笔记

2）AGM 检修与维护注意事项：________________

____

3）AGM 维护操作步骤：________________

____

【实施计划】

AGM 维护作业记录表

作业车站：　　设备编号：　　检修人员：

作业日期：　　开始时间：　　结束时间：

序　号	检 修 项 目	状态及测量值	存在的问题
1	供电模块检查及测试	电源电压测量结果： UPS 功能测试结果：	
2	主控机检查及测试	主控机功能检测结果：	
3	扇门模块检查及测试	组件检查结果： 功能测试结果：	
4	回收模块检查及测试	组件检查结果： 功能测试结果：	
5	SGM 板与各个指示灯检查及测试	组件检查结果： 功能测试结果：	
6	乘客显示屏	外观检查结果： 功能测试结果：	
7	外围组件检查	功能检测结果： 维修操作组件（键盘等）检测结果：	
8	其他组件检查	传感器、检修灯、报警器等结果：	
9	系统软件检查	功能是否正常：	
10	整机功能测试	功能是否正常：	
11	设备状态分析		

【检查与控制】

观察员根据操作员的工作过程评分，具体评分细则见表 4-11。

表 4-11　自动检票机（AGM）的维护考核评分表

操作时间：30min

序号	考核项目	考核内容及要求（评分要点）	配分	评分标准	扣分
1	检查前准备	万用表 尖嘴钳 扳手 一字螺钉旋具 十字螺钉旋具 清洁毛刷	10	工具选用不正确，扣 10 分	
2	供电模块维护	检查内容正确 测试步骤正确	10	不会正确使用工具，扣 5 分 维护工艺不符合行业标准，扣 5 分	
3	主控机维护	检查内容正确 测试步骤正确	10	不会正确使用工具，扣 5 分 维护工艺不符合行业标准，扣 5 分	

（续）

序号	考核项目	考核内容及要求（评分要点）	配分	评分标准	扣分
4	扇门模块检查及测试	检查内容正确	10	不会正确使用工具，扣5分	
		测试步骤正确		维护工艺不符合行业标准，扣5分	
5	回收模块检查及测试	检查内容正确	10	不会正确使用工具，扣5分	
		测试步骤正确		维护工艺不符合行业标准，扣5分	
6	乘客显示屏	检查内容正确	10	不会正确使用工具，扣5分	
		测试步骤正确		维护工艺不符合行业标准，扣5分	
7	其他外围组件检查	检查内容正确	10	不会正确使用工具，扣5分	
		测试步骤正确		维护工艺不符合行业标准，扣5分	
8	系统软件检查	测试步骤正确	10	操作不正确，扣10分	
9	整机功能测试	正确使用各种工具 不得损坏工具 不得浪费材料	10	工具使用方法不正确，浪费材料，一次扣2分 损坏工具、刻意浪费材料，不得分	
10	安全保护	劳保穿戴齐全	5	劳保穿戴不全，扣3分	
		文明操作、工具摆放有序	5	乱摆乱放工具、量具，扣2分	
总分			100	得分	

观察员：　　　　　　　　　　　　　操作员：　　　　　　　　　　　　　年　　月　　日

【评价反馈】

课堂笔记

1. 自我评价

我做得好的地方	我还存在这些方面的问题
□动作准确	□动作不到位
□工具使用规范	□工具使用不规范
□安装步骤熟悉	□安装步骤不熟悉
□零件摆放整齐	□工具摆放不整齐
□操作用时合理	□操作用时过长
□工作态度端正	□工作态度不够端正

2. 小组评价

我们组做到了：□全员参与　□分工明确　□工作高效　□完成了工作任务

3. 教师评价

评价内容	评价指标	等级（星级评定）
综合素养方面	1）态度是否积极，是否主动组织或参与活动 2）与小组同学合作是否良好 3）活动是否认真、善始善终 4）是否勇于克服困难	
知识技能方面	1）查阅资料技能 2）实地观察记录能力 3）调查研究能力 4）动手操作能力	

【知识巩固】

课堂笔记

一、选择题

1. 自动检票机的英文缩写是（　　）。

A. BOM　　B. AGM
C. TVM　　D. AFC

2. 自动检票机中负责运行控制软件，实现车票处理、通行控制、数据通信、状态监控功能的模块是（　　）。

A. 主控单元　　B. 车票处理模块
C. 回收模块　　D. 乘客显示器

3. 自动检票机中用于显示乘客车票信息及维修信息显示的模式是（　　）。

A. 主控单元　　B. 电源模块
C. 单程票回收模块　　D. 乘客显示器

4. 自动检票机中根据独立的通行逻辑门控制板的命令，以开门或关门的形式，控制乘客出入的模块是（　　）。

A. 回收模块　　B. 电源模块
C. 扇门模块　　D. 主控模块

5. 自动检票机中为自动检票机提供交、直流电源的模块是（　　）。

A. 主控单元　　B. 电源模块
C. 不间断电源　　D. 单程票回收模块

二、判断题

1. 自动检票机在上电测试中整机清洁完成后，上电启动设备，保证所有部件均已到位，标准：整机状态正常。（　　）

2. 电源模块的作用是对整机的其他部件提供电压，能够提供交流 220V 电源、直流 24V 电源和直流 12V 电源。（　　）

3. 扇门模块检查需要检查扇门安装情况，查看是否有倾斜刮擦现象，若有倾斜，应调整固定螺钉。标准：无倾斜。（　　）

任务三 半自动售票机（BOM）的维护与故障处理

【任务描述】

星期天上午，乘客在售票厅向站务人员购买单程票，站务人员利用半自动售票机选择目的地后，发现无法对票卡充值，站务人员立即处理并报维修。为了不影响正常运营，需要快速查找故障原因，解决故障。

【学习目标】

目标名称	目标内容
知识目标	能口述半自动售票机设备的工作原理
	能指出半自动售票机设备的结构
技能目标	能独立完成半自动售票机设备的日常维护
	能独立熟练完成半自动售票机设备的常见故障排查
	能与他人合作，进行有效沟通，能按实训室管理规定进行作业

课堂笔记

【知识准备】

一、半自动售票机（BOM）概述

半自动售票机（Booking Office Machine，BOM）又称票房售票机，它是由主控单元模块、操作员显示器、乘客显示器、票据打印机、读写器、单程票发行模块、电源模块、UPS、二维码扫描枪、蓝牙扩展板等独立设备组成，它们通过相应线缆进行连接。BOM 放置在车站售票室或票亭，根据位置不同而具有售票、补票和售补票功能。BOM 可由人工操作，提供对轨道交通专用车票、一卡通车票的售票、补票、充值、替换、退款、查询、车票分析、收益管理等。BOM 模块功能说明见表 4-12。

表 4-12 BOM 模块功能说明

序 号	模块名称	说 明
1	主控单元模块	主要负责运行控制软件，实现车票处理、通行控制、数据通信、状态监控功能
2	操作员显示器	显示设备的当前状态、基本情况、系统时钟信息
3	乘客显示器	显示必要的车票及现金信息
4	单程票发行模块	完成供票、赋值及出票的处理过程

课堂笔记

（续）

序　　号	模块名称	说　　明
5	票据打印机	主要打印乘客购票和充值票据
6	电源模块	为 BOM 内的模块提供稳定的直流电源
7	读写器	检测和读写各类车票
8	UPS	正常情况下为设备提供稳定电流，设备断电时为设备进行电力供应，保证最后一笔交易完成
9	二维码扫描枪	识别二维码数据
10	蓝牙扩展板	广播蓝牙数据

二、半自动售票机结构与功能

半自动售票机的硬件结构由主机、操作显示器、乘客显示器、票据打印机、读卡器、不间断电源、键盘、鼠标等组成。

三、主要部件电路连接图

半自动售票机主要部件电源连接图如图 4-10 所示，主要部件电路信号连接图如图 4-11 所示。

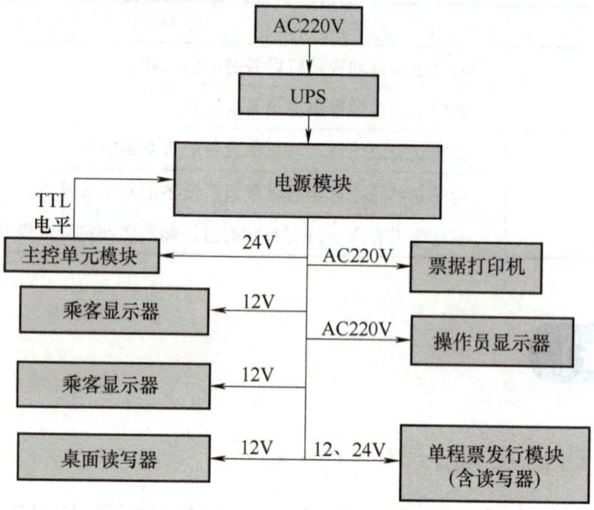

图 4-10　主要部件的电源连接图

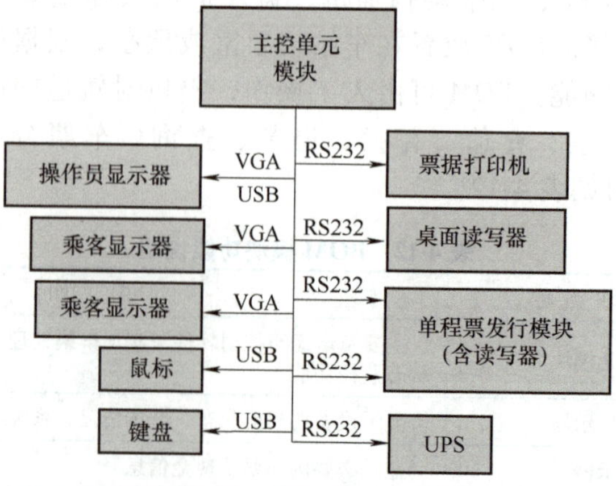

图 4-11　主要部件电路的信号连接图

四、设备构成主要模块介绍

1. 主控单元模块

主控单元模块在整个设备中起到至关重要的核心作用，控制着 BOM 内部所有电器。BOM 所要实现的购票、充值、数据上传等功能都由主控单元模块来控制完成。

2. 操作员显示器

操作员显示器在运营人员进行售补票等操作时使用。

3. 乘客显示器

乘客显示器在运营人员对乘客的车票进行票卡查询、售票、补票、充值等操作时，将票卡处理和查询结果实时显示给乘客。

4. 票据打印机

票据打印机在运营操作人员进行售票、充值等操作时，为乘客打印单据。站务员也能用它打印维修单据。

5. 电源模块

电源模块负责给 BOM 各个用电部件提供电源。BOM 整机机壳与 BOM 供电电源机壳通过保护地线相连，保证 BOM 电源机壳与整机机壳零电势，保护乘客安全。BOM 电源模块主要技术参数见表 4-13。

表 4-13　BOM 电源模块主要技术参数

规　格		参　数
输入电压		AC220V（-15%~+10%）
频率		50Hz(±4%)
漏电保护电流		10mA
电源线性调整率		0.4%
输出功率	+24V	50W
	+12V	150W

五、半自动售票机（BOM）的维护

半自动售票机在地铁车站的票务服务设备中担负着辅助售票、处理乘客事务的任务，由于每个地铁车站设置的 BOM 数量不多，部分车站站厅只设置了一台 BOM，其运行的稳定性将直接、快速影响 AFC 设备的服务质量。它是供车站工作人员使用，并提供车票的分析、更新、退款等业务处理功能的设备。

下面以我国某城市地铁的设备为例，介绍 BOM 主要模块的维护的内容与周期。BOM 计划性检修项目与周期表见表 4-14，其相关工艺见表 4-15 和表 4-16。

表 4-14　BOM 计划性检修项目与周期表

序　号	计划性检修项目	巡　视	年　检
1	功能和外观检查	*	*
2	BOM 内部各模块清扫		*
3	主控单元线缆连接情况检查		*
4	主控单元磁盘碎片整理		*
5	外置读卡器线缆连接情况检查		*
6	二维码扫描枪线缆连接情况检查		*

课堂笔记

（续）

序　号	计划性检修项目	巡　视	年　检
7	蓝牙扩展板线缆连接情况检查		*
8	发售模块传动带、传感器检查		*
9	发售模块传输轴、丝杠动作检查		*
10	发售模块传输动作检查		*
11	发售模块传输轴润滑		*
12	主控单元内部清洁		*
13	电源模块线缆连接情况检查		*
14	电源模块内部清洁		*
15	电源模块输出电压检查		*

注：“*”代表应进行的检查

表 4-15　某地铁公司半自动售票机（BOM）巡视作业工艺卡

某地铁公司半自动售票机（BOM）巡视作业工艺卡			
作业性质：巡视	版本号：2.0	作业设备：BOM	作业时间：5min/站
作业项目：青岛地铁 2 号线 AFC 半自动售票机（BOM）巡视作业			
作业条件	设备处于正常状态		
检修项目	检修步骤及标准		
时钟检查	检查设备之间时钟相差是否在 10s 之内。标准：时钟误差小于 10s。		
设备外观	设备外观检查。标准：设备外观无破损，无裂痕；操作员显示器/乘客显示器无花屏、蓝屏和黑屏现象		
使用情况	询问当班客值 BOM 使用情况。标准：功能正常		
设备编号	查看设备编号是否脱落。标准：无脱落		

表 4-16　某地铁公司半自动售票机（BOM）年检作业工艺卡

某地铁公司半自动售票机（BOM）年检作业工艺卡			
作业性质：年检	版本号：2.0	作业设备：BOM	作业时间：40min/台
作业项目：某地铁公司半自动售票机年检作业			
作业条件	设备处于整机断电状态		
生产性物资	名称	备注	
工器具	手电筒、吹风机、螺钉旋具、内六角扳手		
耗材	棉签、扎带、纯棉布、低值易耗品（防静电毛刷、羊毛刷）		
劳保用品	口罩、劳保手套、防静电手环		
安全要点	（1）摆放安全警示牌，正常关机断电		
	（2）设备内部黑暗，清洁工作时需要照明设备的配合		
	（3）传感器清洁时需使用干净的纯棉布或者棉签，镜头表面若有污渍，须用棉签擦拭		
	（4）整机清洁完毕后，必须将所有部件恢复到原位		
	（5）接触电路板时佩戴防静电手环		
	（6）作业完成后将设备上电，确认各模块运转正常，进入程序后界面正常		

（续）

某地铁公司半自动售票机（BOM）年检作业工艺卡			
作业性质：年检	版本号：2.0	作业设备：BOM	作业时间：40min/台
检修项目	检修步骤及标准		
主控单元	清洁主控单元表面及各串口线缆灰尘，并检查其安装是否牢固。标准：无灰尘，安装牢固		
操作员显示器\乘客显示器	清洁操作显示器\乘客显示器连接线插头灰尘，并检查安装是否牢固。标准：无灰尘、连接牢固		
票据打印机	清洁打印机表面，检查打印机各连接线是否正常。标准：内部无积尘		
二维码扫描枪	清洁二维码扫描枪表面灰尘，并检查线缆连接是否牢固。标准：无灰尘，安装牢固		
蓝牙扩展板	清洁蓝牙扩展板接插线缆，并检查其安装情况。标准：无灰尘，安装牢固		
电源模块	（1）清洁电源模块及各线缆连接处、空气开关处的灰尘，并检查线缆连接情况。标准：无灰尘，安装牢固		
	（2）检查电源模块安装是否牢固，检查电源模块各连接线缆是否有松动或接触不良。标准：安装牢固无松动，线缆紧固、无磨损		
	（3）用万用表 AC 交流电压档检查交流接线端子电压是否在 AC220V（±2%）范围内。标准：电压输入范围合适		
	（4）清洁电源模块内部，设备关机后打开电源模块外壳，用吹风机、防静电毛刷清洁模块内部灰尘。标准：电源模块内无浮灰、杂质		
	（5）用万用表 DC 直流电压档测试电源模块输出直流电源 1）DC 5.00V：设定值误差±2% 2）DC 12.00V：设定值误差±2% 3）DC 24.00V：设定值误差±2% 标准：电压在标准范围内		
上电测试	（1）整机清洁完成后，上电启动设备，保证所有部件均已到位。标准：整机状态正常		
	（2）等待客服中心正常发售一张单程票。标准：发售正常		
作业收尾工作	清理作业现场，整理工器具，车控室消点，归还借出物品，填写《年检记录表》		

【信息收集】

一、我们的学习任务是什么？

____

____

____

二、为顺利完成本学习任务，请按下列要求完成信息的收集。

1. 供电模块维护

1）交流接线模块外观检查包括____________，交流输入电压测量为________。

2）直流电源模块外观检查包括____________，电压测量是________。

3）不间断电源（UPS）进行的维修包括____________，电池电压测量是________。

2. 主控单元维护

1）主控机连接线缆检查内容是____________。

2）主控机清洁内容是____________。

3）主控机在检查、清洁完成后需要完成____________。

课堂笔记

课堂笔记

3. 车票读写器模块维护

内容包括____。

4. 票据打印机维护内容是____

____。

5. 外围组件包括____

____。

【制订计划】

请根据描述的现象和任务要求，确定所需的维护仪器、工具和材料，并对小组成员进行合理分工，制订详细的检查和维护计划。

1. 请在下表中选择在检修中可能用到的工具和物品（在对应的选项中打√即可）。

工具和物品名称	选择	
万用表	□可能	□不可能
尖嘴钳	□可能	□不可能
扳手	□可能	□不可能
一字螺钉旋具	□可能	□不可能
十字螺钉旋具	□可能	□不可能
清洁毛刷	□可能	□不可能
手电筒	□可能	□不可能

2. 小组成员分工：

序号	组长	观察员	操作员	备注

3. 半自动售票机检查和维护计划：

1）BOM 主要部件的维护流程：____

____

____

2）BOM 检修与维护注意事项：____

____

3）BOM 维护操作步骤：____

____

____

【实施计划】

BOM 维护作业记录表

作业车站：　　　　设备编号：　　　　检修人员：

作业日期：　　　　开始时间：　　　　结束时间：

序　号	检 修 项 目	状态及测量值	存在的问题
1	供电模块检查及测试	电源电压测量结果： UPS 功能测试结果：	

（续）

序　　号	检 修 项 目	状态及测量值	存在的问题
2	主控机检查及测试	主控机功能检测结果：	
3	车票处理模块检查及测试	读卡器检查结果： 车票发售组件检查结果：	
4	外围组件检查	打印机功能检测结果： 乘客显示屏功能检测结果： 键盘、鼠标等检测结果：	
5	系统软件检查	功能是否正常：	
6	整机功能测试	功能是否正常：	
7	设备状态分析		

【检查与控制】

观察员根据操作员的工作过程评分，具体评分细则见表 4-17。

表 4-17　半自动售票机（BOM）的维护考核评分表

操作时间：30min

序号	考核项目	考核内容及要求（评分要点）	配分	评分标准	扣分
1	检查前准备	万用表 尖嘴钳 扳手 一字螺钉旋具 十字螺钉旋具 清洁毛刷	10	工具选用不正确，扣 10 分	
2	供电模块维护	检查内容正确	15	不会正确使用工具，扣 5 分	
		测试步骤正确		维护工艺不符合行业标准，扣 5 分	
3	主控机维护	检查内容正确	15	不会正确使用工具，扣 5 分	
		测试步骤正确		维护工艺不符合行业标准，扣 5 分	
4	车票处理模块检查及测试	检查内容正确	15	不会正确使用工具，扣 5 分	
		测试步骤正确		维护工艺不符合行业标准，扣 5 分	
5	外围组件检查	检查内容正确	15	不会正确使用工具，扣 5 分	
		测试步骤正确		维护工艺不符合行业标准，扣 5 分	
6	系统软件检查	测试步骤正确	10	操作不正确，扣 10 分	
7	整机功能测试	正确使用各种工具 不得损坏工具 不得浪费材料	10	工具使用方法不正确，浪费材料，一次扣 2 分 损坏工具、刻意浪费材料，不得分	
8	安全保护	劳保穿戴齐全	5	劳保穿戴不全，扣 3 分	
		文明操作、工具摆放有序	5	乱摆乱放工具、量具，扣 2 分	
总分			100	得分	

观察员：　　　　　　　　　　操作员：　　　　　　　　　　年　　月　　日

课堂笔记

课堂笔记

【评价反馈】

1. 自我评价

我做得好的地方	我还存在这些方面的问题
□动作准确	□动作不到位
□工具使用规范	□工具使用不规范
□安装步骤熟悉	□安装步骤不熟悉
□零件摆放整齐	□工具摆放不整齐
□操作用时合理	□操作用时过长
□工作态度端正	□工作态度不够端正

2. 小组评价

我们组做到了：□全员参与　□分工明确　□工作高效　□完成了工作任务

3. 教师评价

评价内容	评价指标	等级（A/B/C）
综合素养方面	1）态度是否积极，是否主动组织或参与活动 2）与小组同学合作是否良好 3）活动是否认真、善始善终 4）是否勇于克服困难	
知识技能方面	1）查阅资料技能 2）实地观察记录能力 3）调查研究能力 4）动手操作能力	

【知识巩固】

一、选择题

1. 半自动售票机的英文缩写是（　　）。

A. BOM　　B. AGM　　C. TVM　　D. AFC

2. 半自动售票机中负责运行控制软件，实现车票处理、通行控制、数据通信、状态监控功能的模块是（　　）。

A. 主控单元　　B. 硬币模块

C. 纸币循环找零模块　　D. 单程票发售模块

3. 半自动售票机中用于完成供票、赋值及出票的处理过程的模块是（　　）。

A. 主控单元　　B. 硬币模块

C. 运营状态显示屏　　D. 单程票发售模块

4. 半自动售票机中主要打印乘客购票和充值票据的模块是（　　）。

A. 主控单元　　B. 票据打印机

C. 纸币循环找零模块　　D. 单程票发售模块

5. 半自动售票机中正常情况下为设备提供稳定电流，设备断电时为设备进行电力供应，保证最后一笔交易完成的模块是（　　）。

A. 主控单元　　B. UPS

C. 维修面板　　D. 单程票发售模块

二、判断题

1. 半自动售票机是供车站工作人员使用，并提供车票的分析、更新、退款等业务处理功能的设备。 （ ）

2. 乘客显示器的维护作业，主要包括外观检查、清洁除尘、性能检测等，作业质量应符合维护规程的相关标准。 （ ）

3. 作业收尾工作主要包括清理作业现场，整理工器具，车控室消点，归还借出物品，填写检修记录表。 （ ）

4. 半自动售票机在出现整机不能上电故障时，首先应该检查底部空气开关输入电源电压是否正常。 （ ）

5. 半自动售票机的电压参数测量是利用万用表完成的。 （ ）

延伸阅读

刘云清，中车戚墅堰机车车辆工艺研究所有限公司首席技师，2018 年全国五一劳奖章获得者。他是一名平凡的中专生，但更是一名不平凡的“大国工匠”。从中专生到“大国工匠”，从维修工到首席技师，靠的是他的拼搏努力和敢为人先的工匠精神。

1996 年，中专毕业的刘云清进入中车戚墅堰机车车辆工艺研究所有限公司当机修钳工，跟着老师傅学习维修数控机床。“干活就要用心”，他把师傅的话深深记在心中。晚饭后，他会到车间转转，琢磨机器的构造，思考维修中遇到的难题；睡觉前，他还一遍遍回想着各种工作细节。凭着这份对工作的痴迷，刘云清从机械维修工成长为全面系统掌握数控设备机械、电气、液压、软件等各方面故障维修的专家，并练就一身“医术”：能从嘈杂的轰鸣声中听出哪一台机器“生病了”，并准确判断“病因”所在。

课堂笔记

【学而思】

1. 请你搜集一个工作中的奋斗故事跟同学们分享一下。

2. 结合本项目的学习，谈谈今后你在工作中如何践行工匠精神？

项目五 通风空调系统运行与维护

05

作为地铁公司维修人员，每天都要认真巡检通风空调系统，保障地铁车站和列车运行环境的温度、湿度等条件的适宜性。地铁的运营环境非常复杂，地铁通风空调系统的功能必须强大，才能确保乘客有舒适的乘车体验。在本项目中通过学习车站通风系统、车站空调水系统、隧道通风系统，学生能够就通风空调系统日常维护管理及常见故障进行分析处理。

本项目的学习任务如下：

任务一　通风空调系统认知
任务二　通风空调系统设备维护管理
任务三　通风空调系统常见故障处理

课堂笔记

任务一 通风空调系统认知

【任务描述】

地铁地下车站热源较多，会产生大量的热量，这些热量其中一部分可以通过隧道排热风道排出车站外，但大多数热量需要通过车站通风系统和空调水系统配合排出车站。请在车站结构图上，画出车站通风系统及空调水系统布局，标出车站通风系统和车站空调水系统热量传导路径，并标出在隧道中列车中部着火时通风空调系统的各个风机工作状态。

【学习目标】

目标名称	目标内容
知识目标	能阐述通风空调系统的概念
	能描述通风空调系统的组成、结构及控制方式
技能目标	能在车站结构图上画出车站通风系统、空调水系统的布局
	能在车站结构图上画出车站热量传导路径
	能判断不同模式各风机设备的运行状态

【知识准备】

一、通风空调系统介绍

通风空调系统为乘客和工作人员提供一个舒适的候车和工作环境，并为车站各种设备和管理用房提供适合的温度与湿度，在火灾等特殊情况下提供迅速有效的排烟手段，并为乘客输送新风，保证乘客的安全。

1. 通风空调系统的组成

通风空调系统包括车站公共区通风空调兼排烟系统（大系统）、车站管理及设备用房通风空调兼排烟系统（小系统）、空调水系统和隧道通风系统。

2. 通风空调系统控制方式

通风空调系统设备的控制分为三级：中央控制、车站控制、就地控制。

（1）中央控制　中央控制设置在控制中心，通风空调调度员利用综合监控系统，通过模式控制和单体控制方式，对全线车站的通风空调系统进行监控，使其统一协调运行。当接到事故或火灾报警时，通风空调调度员根据事故或火灾地点，迅速做出决策，并向有关的车站控制室发出指令，相关的通风系统迅速转入阻塞运行模式或火灾运行模式，保障紧急情况下的通风需要。

（2）车站控制　在控制中心授权的条件下，车站控制可对本车站和相邻两端隧道各通风空调设备的运行状态进行自动调节和有效监控，并向控制中心传送本站各种信息及空调通风系统运行状况，执行控制中心的各项命令。火灾发生情况下，车站控制室作为车站指挥中心，能根据实际情况将有关通风空调系统转入火灾模式运行。

（3）就地控制　就地控制设置在各车站通风空调电控室和现场操作箱，现场操作按钮设于设备旁，便于操作，满足单台设备的现场调试、检查和维修，具有单台设备就地控制功能。为确保现场作业人员安全，就地控制具有优先权。

（4）三级控制的关系　就地控制为优先级，车站控制为次级，中央控制为最后级。其含意是：设备处于就地级控制时，后两级控制不能控制设备的运行状态（开、关、复位）；设备处于车站级控制时，中央级控制不能控制设备的运行状态。

二、地铁车站通风系统

车站通风系统是环控系统的重要组成部分，包括车站大系统和车站小系统。

1. 车站大系统

车站大系统指车站公共区域通风空调系统设备，同时兼作车站公共区域排烟系统。车站大系统是将混风室送来的风在组合式空调机箱中进行降温，再通过送风管道送到车站公共区域，再将车站公共区域使用过的气体通过回风管道流回混风室或者车站外。

车站大系统一般由组合式空调机组、空调新风机、回风机、消声器、电动组合阀、多叶调节阀、防/排烟防火阀、新风井、排风井、风道、混风室、静压箱和风管等部分组成。环控系统的控制对象是组合式空调机组、空调新风机、回排风机、各类电动阀。这些设备一般都有“工作”和“停止”两种状态，回排风机有时也设计为三种状态：“正转”“反转”“停止”。风阀一般设计为不可调节的固定开度。

大系统主要设备一般集中、对称地分布于车站站厅层的环控通风房，机房内一般分别设置一台或两台组合式空调机组，每台机组对应一台回/排风机和排烟机；设置多台新风机及各种风阀。站厅的送风、回风/排烟风管一般设置在站厅层的顶棚，称为“上送上回”，站台层送风风管设于站台层顶棚，回、排风一般分别设置于顶棚和站台层地板下，称为“上送上下回”。车站大系统结构和车站截面分别如图 5-1 和图 5-2 所示。

2. 车站小系统

车站小系统指车站设备与管理用房通风空调系统设备，同时兼作车站设备与管理用房区域排烟系统。车站小系统是将混风室送来的风在组合式空调机箱中进行降温，通过送风管道送到车站设备用房，再将设备用房使用过的气体通过回风管道流回混风室或者车站外。

车站小系统包括车站设备及管理用房的轴流风机、柜式（吊挂式）空调机组及各种风阀，其作用是通过控制设备及管理用房的温度、湿度等环境条件，为工作人员提供一个舒适的工作环境，为各种设备提供正常的运行环境。在火灾发生时，通过机械排风方式进行排烟，在有灭火系统的房间关闭送、排风管进行密闭灭火。车站小系统结构如图 5-3 所示。

3. 车站通风系统工作模式

车站通风系统在日常使用过程中，并不是只有单一的工作模式，根据外界空气温度、湿度等因素的变化，车站通风系统工作模式也相应地进行调整。一般来说，车站通风系统可以分为正常工作模式和火灾模式，其中正常工作模式还可以细分为通风模式、全新风模式、小新风模式以及内循环模式。

课堂笔记

课堂笔记

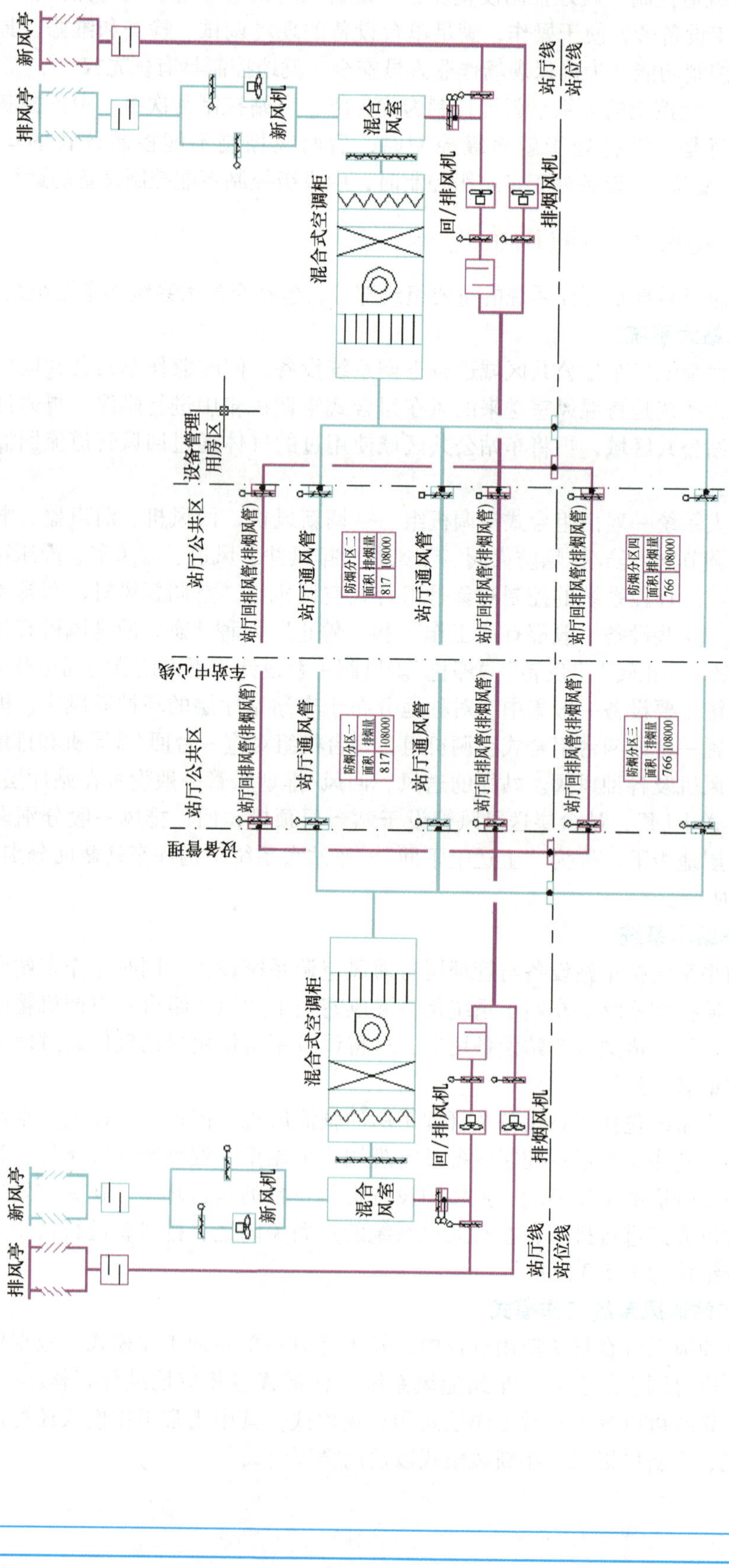

图 5-1 车站大系统结构

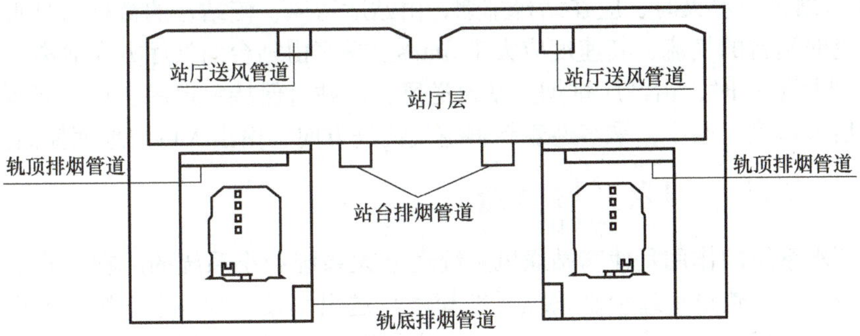

图 5-2 车站大系统车站截面

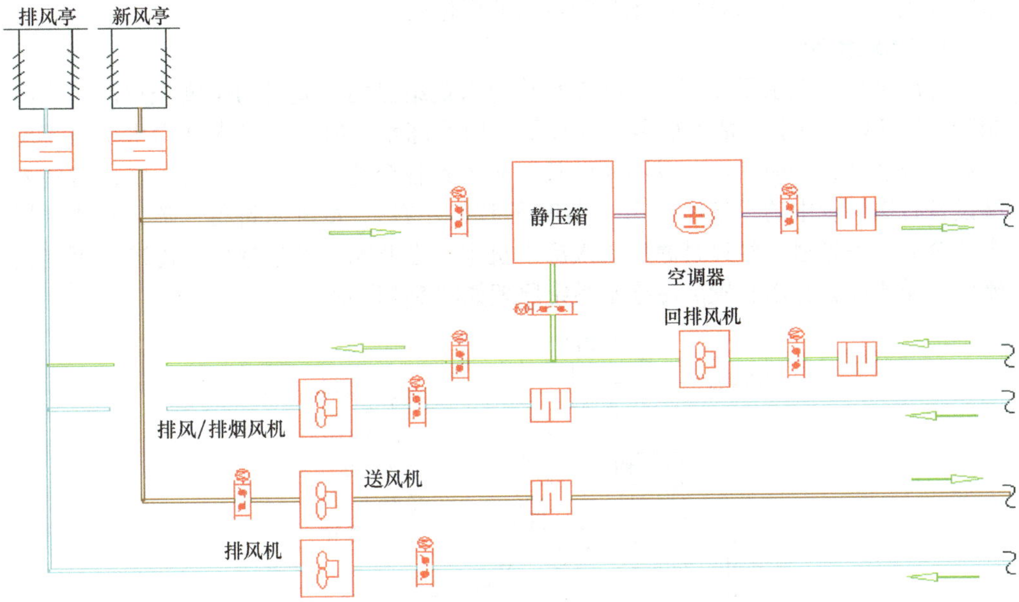

图 5-3 车站小系统结构

课堂笔记

1）通风模式：指当外界温度达到车站对于温度的要求的时候，车站不启用空调水系统制冷，直接将外界空气送入车站的情况。冬季的时候，车站外的温度比较低，能够达到使用通风模式的条件。

2）全新风模式：指车站通风系统送风全部采用新风井从外界送入的空气，经过组合式空调机组进行降温，送入车站公共区域、设备及管理用房，再通过回风管道从排风井排到车站外。

3）小新风模式：指车站通风系统送风部分采用新风井从外界送入的空气，另一部分是回风管道送入的部分回风，将新风和回风混合后经组合式空调机组进行降温，送入车站公共区域、设备及管理用房，再通过回风管道将部分空气从排风井排到车站外，一部分空气送入混风室继续利用。

4）内循环模式：指车站通风系统送风全部采用回风管道中的回风，经过组合式空调机组进行降温，送入车站公共区域、设备及管理用房，再通过回风管道送入混风室继续利用，期间没有从新风井吸收新鲜空气。

5）车站火灾模式：火灾模式大系统和小系统处理方式有差别，小系统主要是密闭的空间，一般都有气体灭火系统，只要停止对相应房间通风，就能进行密闭灭火；大系统由于空间大，分为站台和站厅，相对来说比较复杂，主要使用排烟系统灭火。

排烟系统的运行应根据地下铁道防灾系统的指令进行，由防灾中心统一安排，一般是根据不同的火灾地点决定不同的运行方式，分为：

① 车站站台着火时，应在站台排烟，由站厅送风，使站台的楼梯口处形成一股由站厅流向站台的气流，其速度应大于3m/s。乘客由站台向站厅方向撤离。

② 站厅着火时，由站厅排烟，站台送风，使站台保持一定的正压。新鲜空气由站厅的出入口进入站厅，乘客迎着新鲜空气流进方向，由出入口向地面撤离。

三、车站空调水系统介绍

空调水系统的作用是使车站通风系统送给大系统和小系统的风在组合式空调箱中进行冷却，将热量传递给水系统（冷却塔）送出车站。空调水系统主要由组合式空调机组、风机盘管、冷水机组、水泵、冷却塔、水阀及管路设备组成。空调水系统分为冷冻水系统和冷却水系统两大系统。空调冷冻水系统直接为空调大系统和小系统提供冷源，冷冻水系统的水量随负荷的变化而变化。

1. 冷冻水系统

冷冻水系统在水泵作用下，冷冻水从冷水机组流出，此时的温度经过冷水机组制冷后约7℃。由于车站中很多地方都要使用冷冻水，所以冷冻水从冷水机组流出后进入分水器，将冷冻水分成不同的管道输送到各个地方的末端设备；经过这些末端设备将送风管中的空气冷却后（温度在12℃左右），冷冻水进行回流，在集水器中汇合成一条管道，经过过滤后流入冷水机组。在此循环的过程中，冷冻水可能会流失，需要设置补水装置。冷冻水系统原理如图5-4所示。

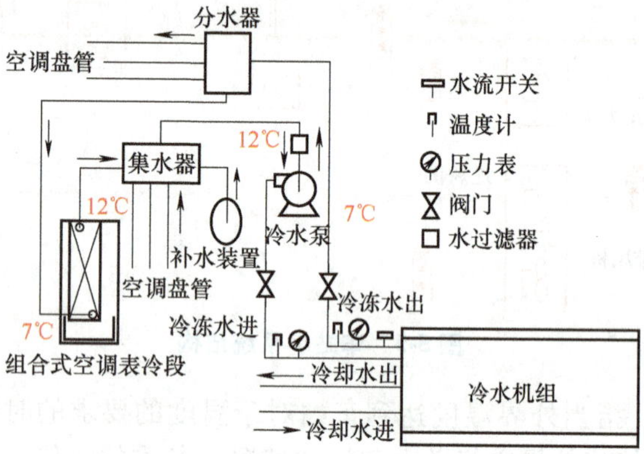

图5-4 冷冻水系统原理

2. 冷却水系统

空调冷却水系统：冷水组的冷凝器和压缩机，吸收冷冻水从大小系统吸收的热量，通过室外的冷却塔将车站的热量传到站外。冷冻水系统与冷却水系统结合完成了一个制冷循环，实现制冷。

冷却水系统在水泵作用下，冷却水流进冷水机组，吸收从冷冻水传来的热量后再流出冷水机组，此时的温度约37℃。冷却水通过冷却水管流向位于车站外面的冷却塔，在冷却塔中进行风冷降温，将热量通过冷却塔传到车站外的空气中，温度降低（约32℃），再通过冷却水管流回冷水机组。由于冷却水在循环的过程中经过了车站外的冷却塔水箱，可能产生杂质（树叶等），所以在冷却水泵先要进行过滤。

冷冻水系统、冷却水系统和车站通风系统将车站的热量传递到站外，保证了车站温度的舒适性。温度低的冷冻水通过冷水机组将热量传递给温度高的冷却水。冷却水系统原理如图5-5所示。

3. 冷水机组

冷水机是空调水系统的关键部件，一般一个普通车站有两台或者更多台冷水机组，分布在车控室一侧的环控设备房里。冷水机组包括压缩机、蒸发器、冷凝器、

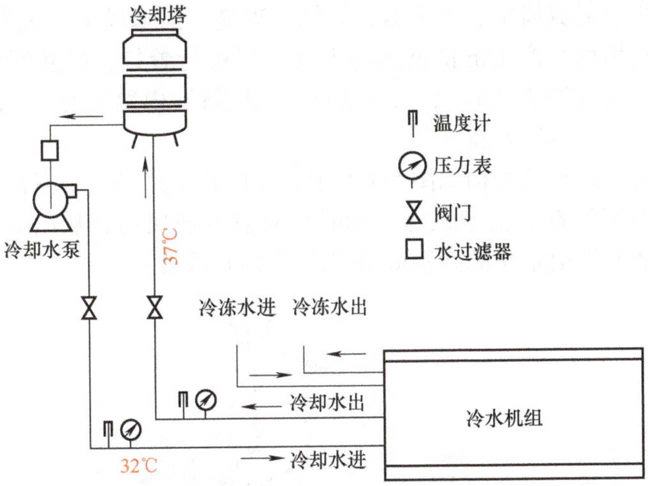

图 5-5 冷却水系统原理

膨胀阀，从而实现了机组制冷效果。冷水机组一般有风冷式冷水机和水冷式冷水机，国内地铁采用的是水冷式冷水机。水冷式冷水机是利用壳管蒸发器使水与冷媒进行热交换，冷媒系统再吸收水中的热负荷，使水降温产生冷水后，通过压缩机的作用将热量带至壳管式冷凝器，由冷媒与水进行热交换，使水吸收热量后通过水管将热量带到外部的冷却塔散掉（水冷却）。

冷水机组工作具体过程：

第一步，冷水机组中气态的制冷剂经过压缩机加压后，到冷凝器进行放热冷凝，将热量释放给冷却水，从而变为液态的制冷剂；第二步，液态的制冷剂经膨胀阀减压后到蒸发器中吸收冷冻水的热量，从而变为气态的制冷剂。冷水机设备如图 5-6 所示。

图 5-6 冷水机设备

课堂笔记

4. 空调水系统工作模式

国内地铁车站空调水系统没有制热状态，一般冬天车站外的温度比较低，能够达到全通风的条件，空调水系统处于停止状态。对于一些对温度有严格要求的设备及管理用房，需要在水系统停止时使用制冷或者制热，采用 VAV 多联空调系统。水系统有四种工作模式，即正常通风运行、启动一台/两台冷水机组、火灾模式。

1）正常通风运行模式：一般是冬天或者外界空气温度较低时采用的模式，此模式下冷水机组没有启动，即车站通风系统的通风模式。

2）启动一台/两台冷水机组模式：一般情况下车站启动一台冷水机组就能满足正常运营状态，但是一般车站都配置两台以上的冷水机组，一是防止冷水机组出现故障，设有备用冷水机组；二是因为极端情况下，一台冷水机组产生的冷冻水不足以将空气冷却到要求的标准时，则开启两台（或更多）冷水机组。

3）火灾模式：火灾模式下冷水机组也是没有启动的，但和正常通风运行模式又有不同之处。火灾模式下，一切和消防无关的非一级负荷都被切断。

四、隧道通风系统介绍

隧道通风系统分为区间隧道通风系统（兼排烟）和车站隧道通风系统两个部分。

1. 区间隧道通风系统

区间隧道活塞通风与机械通风系统（TVF 系统），简称区间隧道通风系统（兼排烟、阻塞工况通风和早晚换气、排除空气异味、改善空气质量）。区间隧道通风

课堂笔记

系统由隧道风机、射流风机、消声器、风阀、喷嘴、活塞风道、风亭等组成，列车正常运行时，利用列车产生的活塞风与室外空气进行置换，排除区间隧道内余热、余湿；列车阻塞（无法进站时）、火灾运行（区间隧道内发生火灾，疏散乘客）时，通过机械通风形成气流以及排烟。

区间隧道通风系统的结构如图 5-7 所示，可以看出这是一个双活塞风道的结构，区间两端列车上下行都有活塞风道，同时也有机械通风道，从图 5-7 中可以看出，机械通风道和活塞风道本质的区别就是引入了 TVF 风机。

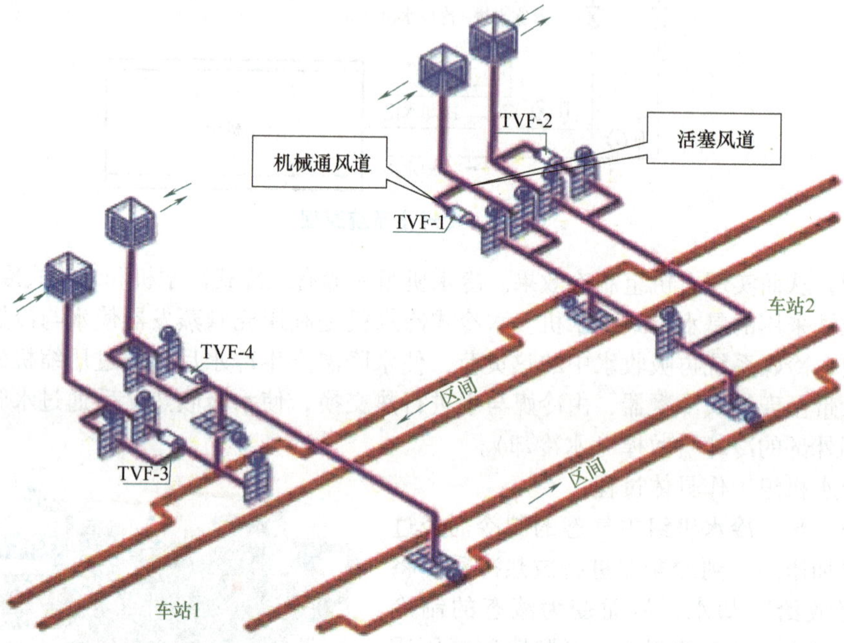

图 5-7　区间隧道通风系统的结构

区间隧道活塞风道的设计根据地方不同可能设计不一样。一般说来，国内有两种方式，一种是双活塞风道，此方式分别在车站两端的上下行隧道分别设置了活塞风道；另一种是单活塞风道，此方式在双活塞风道基础上每端取消列车进站端活塞风道，保留出站端活塞风道。

1）双活塞风道（图 5-8）：区间两端分别有上行和下行的活塞风道，且和机械通风道共用相同的风亭，需要启动机械通风系统时，打开对应的风阀，再启动 TVF 风机。

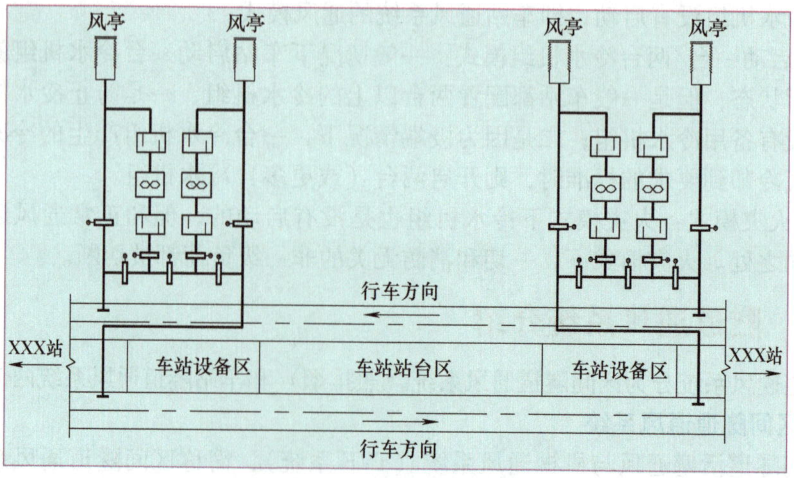

图 5-8　双活塞风道配置示意图

2）单活塞风道（图 5-9）：区间的两端没有列车进站的活塞风道，但是有列车进站的机械通风道，所以列车进站位置的区间隧道通风系统的机械通风道是单独的；列车出站位置的区间隧道通风系统和活塞风道共同使用相同的风亭。

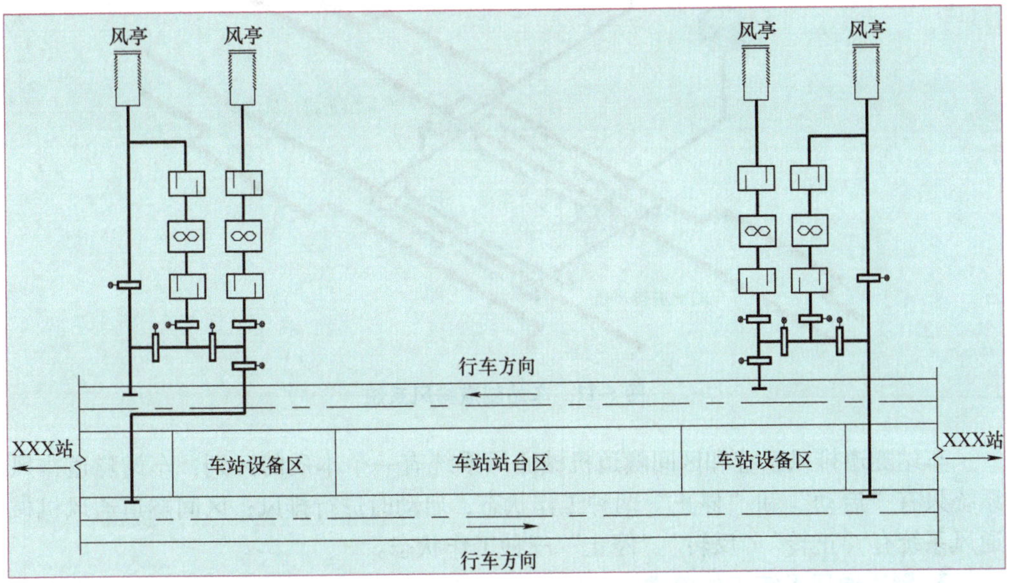

图 5-9　单活塞风道配置示意图

2. 车站隧道通风系统

车站隧道通风系统（图 5-10）：指车站范围内、站台门外站台下排热和车行道顶部排热系统，简称 UPE/OTE 系统。列车正常运行时，利用机械排风与室外空气进行置换，排除车站隧道内余热、余湿；列车阻塞（无法出站时）、火灾时（火灾列车停靠在车站、车站内站台火灾），通过车站通风系统和车站隧道机械排风形成气流以及排烟。

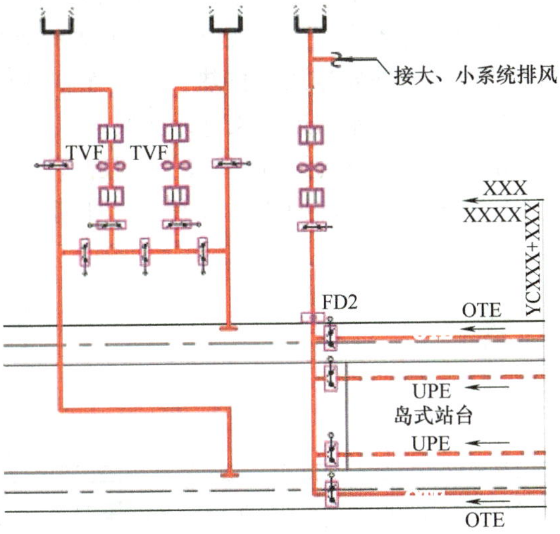

图 5-10　车站隧道通风系统

图 5-10 左边的部分是区间隧道通风系统，可以看出是双活塞风道结构；右边部分是车站隧道排风系统部分，和车站大系统、小系统的排风道相连通，共用排风亭。车站隧道排风系统（图 5-11）和区间隧道机械通风系统类似，由车站隧道排风机、消声器、风阀、排风道、风亭等组成，对车站隧道机械排风、排烟。

课堂笔记

课堂笔记

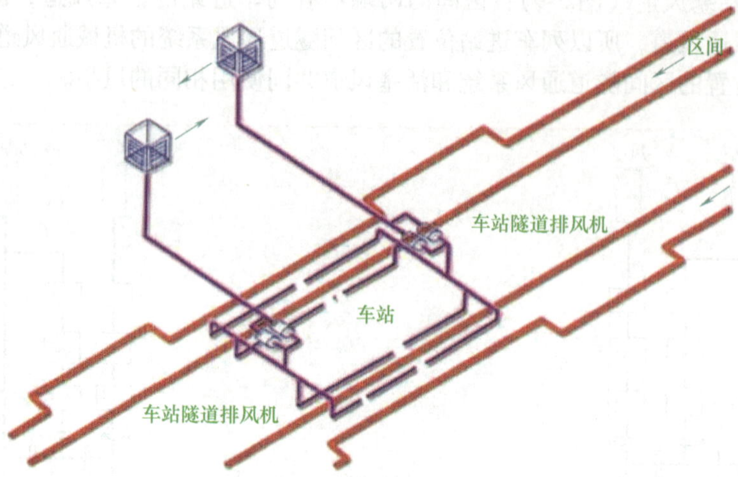

图 5-11　车站隧道排风系统

车站隧道排风系统和区间隧道机械通风系统有一个本质的区别：车站隧道排风系统只有“启动”和“停止”两种工作状态，启动时进行排风；区间隧道通风机械通风系统有“正转”“反转”“停止”三种工作状态。

3. 隧道通风系统工作模式

城市轨道交通隧道通风系统监控的区域长，突发情况较多，为了应对每一种突发情况，都设置了不同的模式。从大的类别分可以分为三种模式：正常工作模式、阻塞模式、火灾模式。其中阻塞模式和火灾模式又分别分为区间隧道和车站隧道两种情况。

（1）正常工作模式　正常运行时，区间隧道通风系统通过列车运行时的活塞效应实现隧道内的通风，列车早晚运营前后半小时，用机械通风方式对隧道进行通风换气；车站隧道通风系统排除列车停站时车顶空调器和车厢底部发热设备产生的热量。列车正常运行，列车运行过程中产生活塞风，列车后面产生空气负压，活塞风道吸入外界空气，列车前面产生空气正压，活塞风道向外排除空气。整个过程中，车站隧道排风系统正常工作，向外界排风、排热；当列车在站台停靠时，站台门打开，车站大系统送出的风，会和车站隧道的风进行交换。

在正常模式下，车站隧道排风系统运行排风；区间隧道通风系统开启活塞风道，关闭机械通风。正常工作模式空气流动如图 5-12 所示，正常模式设备状态如图 5-13 所示。

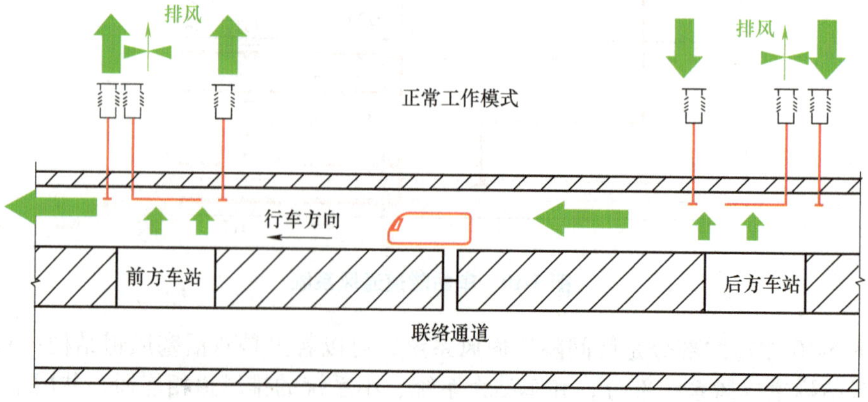

图 5-12　正常工作模式空气流动

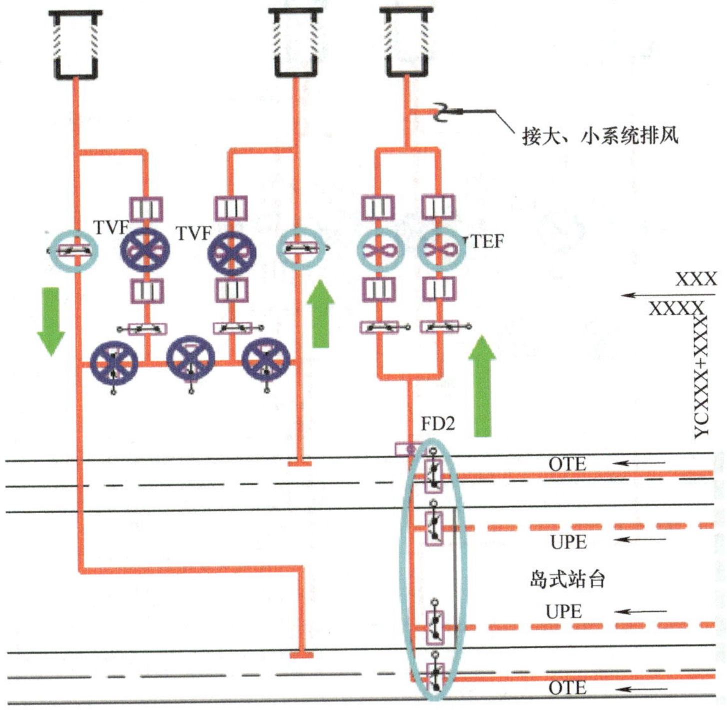

图 5-13 正常模式设备状态

（2）阻塞模式 在列车由于各种原因停留在区间隧道内、乘客滞留在列车中时，区间隧道通风系统顺列车运行方向进行送、排机械通风，冷却列车空调冷凝器等，使车内乘客仍有舒适的旅行环境；车站隧道排风系统，根据系统模式要求，开启或关闭车站隧道通风系统。此时区间隧道通风系统状态：活塞风道关闭，隧道风机运行（送风/排风），同时区间隧道通风系统需与相邻车站配合运行，隧道内的方向沿着列车运行方向。阻塞模式空气流动如图 5-14 所示，阻塞模式设备状态如图 5-15 所示。

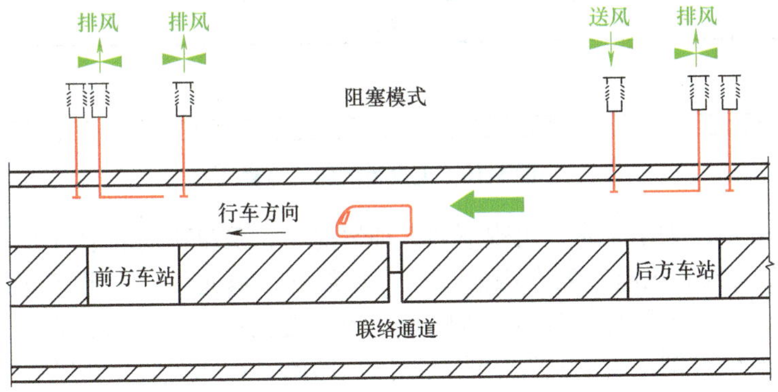

图 5-14 阻塞模式空气流动

（3）火灾模式 火灾模式根据列车所在位置不同，可以细分为站台火灾模式和区间火灾模式。相对来说，站台火灾比区间火灾处理简单，列车在区间隧道内着火时，应尽可能将列车驶至车站，让乘客撤离。此时，由该车站站端的风机排烟，并按站台着火的方式运行，开启轨顶排风、排热系统，关闭站台下排风道（国内地铁基本采用）。列车停站发生火灾时，车站两端的区间隧道通风系统采用机械排风，将火灾产生的热量和烟雾排除；车站隧道排风系统则使用轨顶排热模式，利用车站大系统的送风，形成气流，让火灾产生的烟雾尽可能离开地面，便于乘客疏散。火灾模式空气流动如图 5-16 所示，火灾模式设备状态如图 5-17 所示。

课堂笔记

课堂笔记

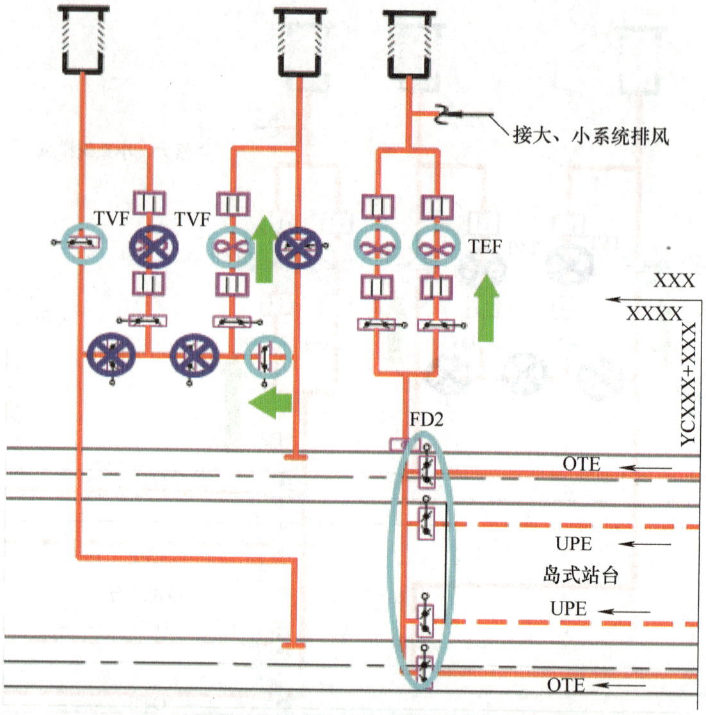

图 5-15 阻塞模式设备状态

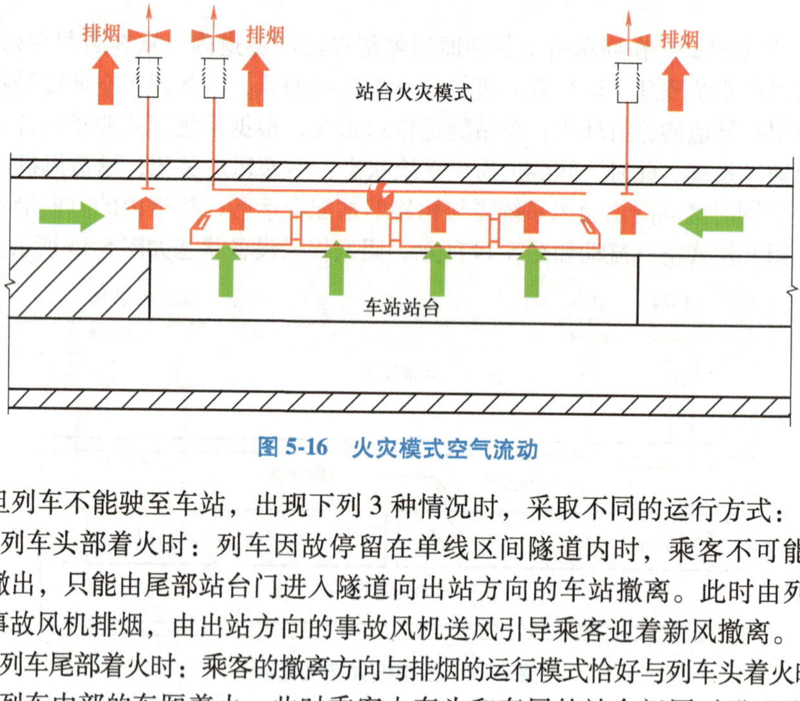

图 5-16 火灾模式空气流动

一旦列车不能驶至车站，出现下列 3 种情况时，采取不同的运行方式：

1）列车头部着火时：列车因故停留在单线区间隧道内时，乘客不可能从列车的侧向撤出，只能由尾部站台门进入隧道向出站方向的车站撤离。此时由列车进站方向的事故风机排烟，由出站方向的事故风机送风引导乘客迎着新风撤离。

2）列车尾部着火时：乘客的撤离方向与排烟的运行模式恰好与列车头着火时相反。

3）列车中部的车厢着火：此时乘客由车头和车尾的站台门同时进入隧道。排烟运行方式为进站方向的事故风机送风、出站方向的事故风机排烟。从车头站台门下车的乘客迎着新风迅速向车站撤离。从车尾站台门下车的乘客要顺着烟气流动的方向迅速撤到连通两孔隧道的联络通道处，由联络通道进入另一孔隧道，迎着送风方向撤离。虽然有一小段路程乘客的撤离方向与烟气流动方向相同，有被烟气熏倒的可能，但由于着火的初期，隧道中心区域尚未被烟气侵入，只要有组织地、争分夺秒地、争取在烟气充满隧道前撤离，就不会被烟气熏倒，否则就相当危险。

从上可见，适当设置联络通道是非常重要的。根据规定，联络通道的距离最好不大于 300m。

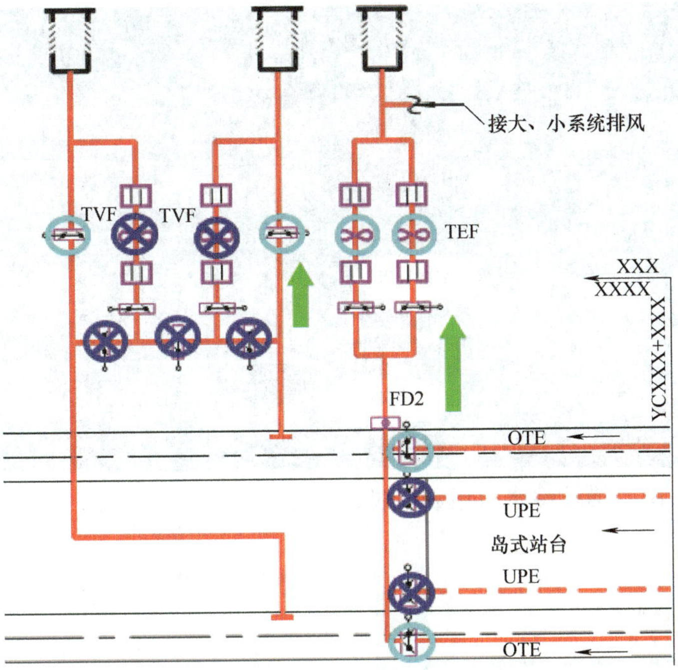

图 5-17　火灾模式设备状态

【信息收集】

为顺利完成本学习任务，请按下列要求完成信息的收集。

1. 根据下图，描述地铁环控大系统的组成及布局。

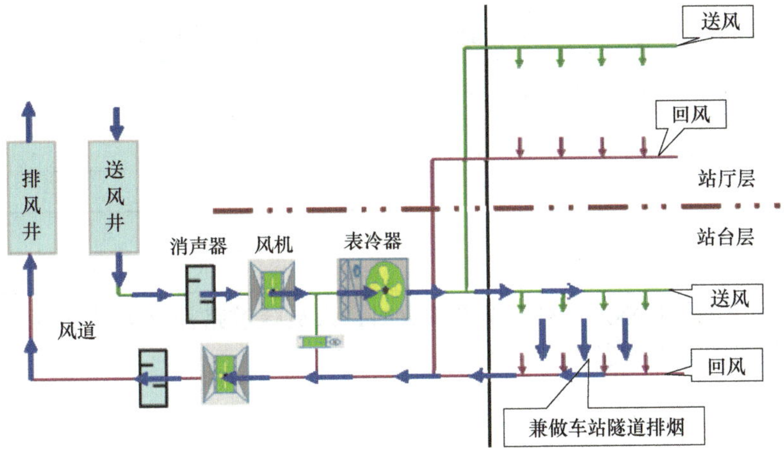

____

____

____

____

2. 根据下图，描述地铁环控小系统的组成及布局。

____

____

____

____

课堂笔记

课堂笔记

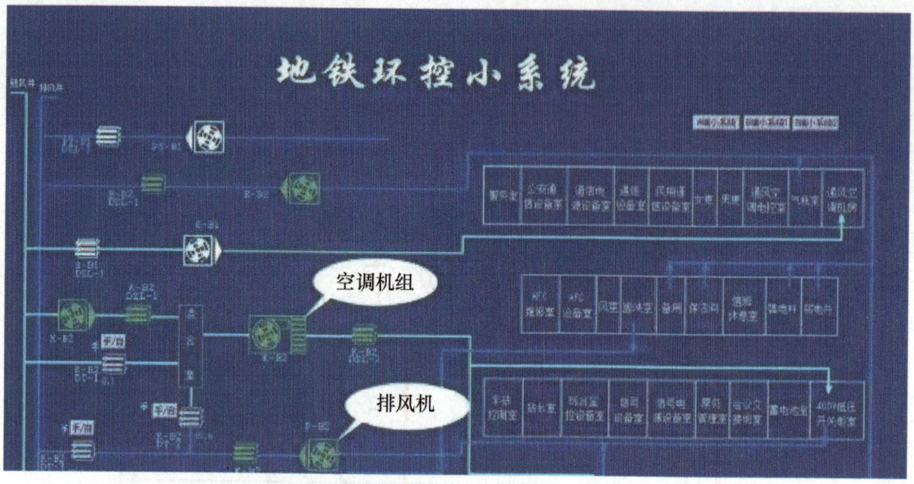

3. 根据下图，描述冷水机组制冷过程。

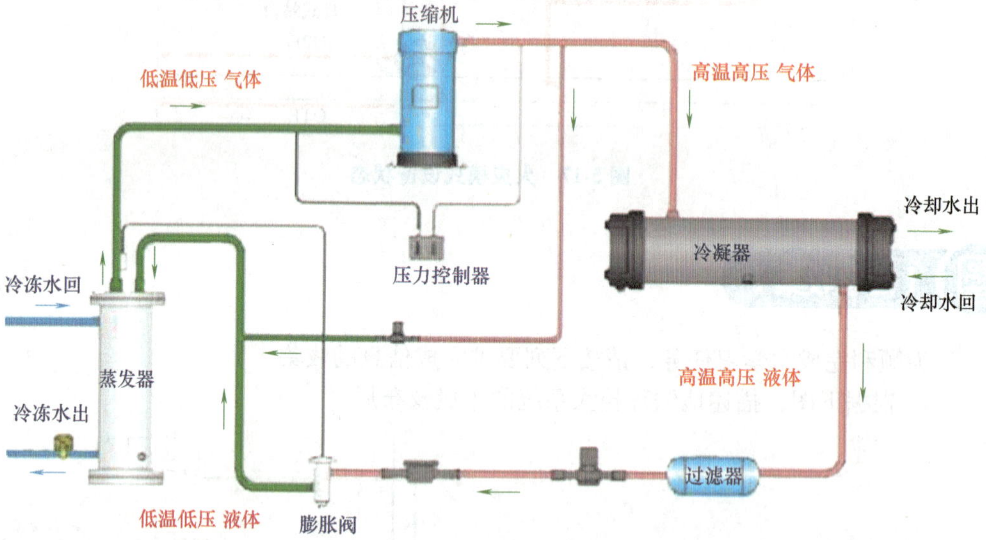

4. 根据下图描述隧道中列车头部着火时，人员疏散路径及送风方向，并说明通风系统各风机的工作状态。

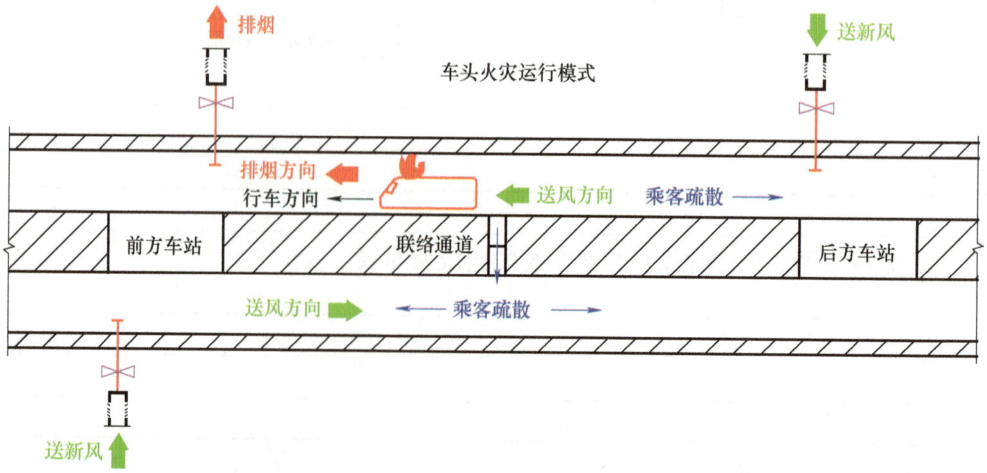

【制订计划】

请根据描述的现象和任务要求，确定所需的工具和物品，并对小组成员进行合理分工，制订详细的操作计划。

1. 请在下表中选择在操作中可能用到的工具和物品（在对应的选项中打√即可）。

工具和物品名称	选择	
三色彩笔	□可能	□不可能
车站模型图	□可能	□不可能
隧道结构图	□可能	□不可能
A4 纸	□可能	□不可能

2. 小组成员分工：

序号	组长	观察员	操作员	备注

3. 通风空调系统认知操作计划：

1）车站通风系统的主要部件及表示图形：

2）车站空调水系统的主要部件及表示图形：

3）隧道通风系统的主要部件及表示图形：

4）事故风机和专用排烟机的区别：

课堂笔记

【实施计划】

请结合本小组制订的计划，描述通风空调系统结构布局及车站热量传导路径，并完成下列内容的填写。

1. 在下图上绘制通风、空调水系统，并回答问题。

1）车站通风系统布局的注意事项：

2）车站空调水系统布局的注意事项：

3）隧道通风系统布局的注意事项：

2. 空调水系统热量传导路径。

1）冷冻水系统与车站大小系统的热量交换过程：

课堂笔记

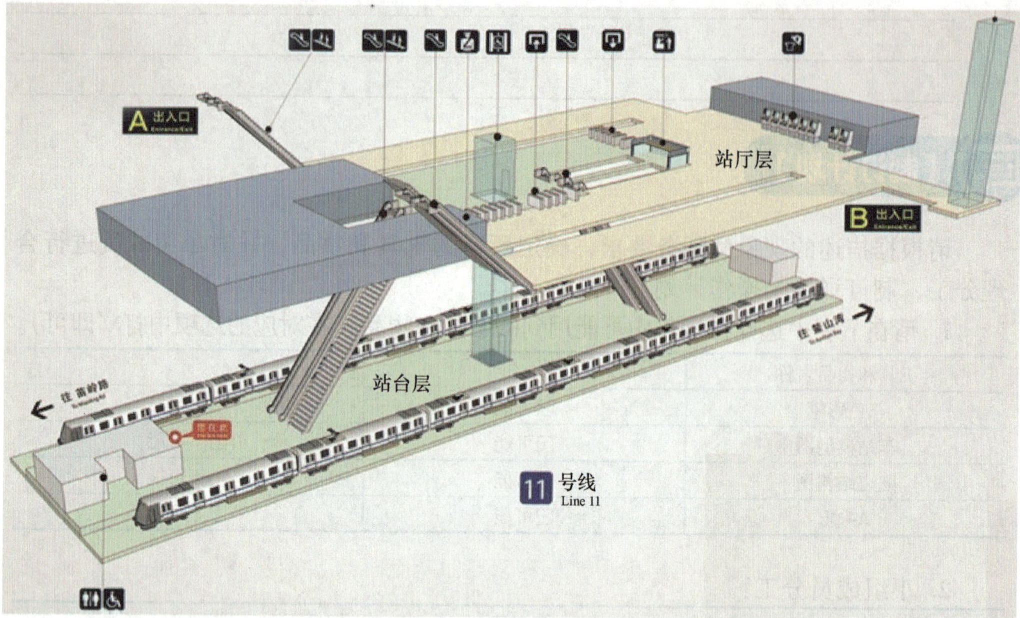

2）冷冻水系统与冷却水系统的热量交换过程：______________________________
____

3）冷却水系统与车站外的热量交换过程：______________________________
____

3. 在下图中标出隧道中列车中部着火时，人员疏散路径及送风方向，并说明通风系统各风机的工作状态。

____
____

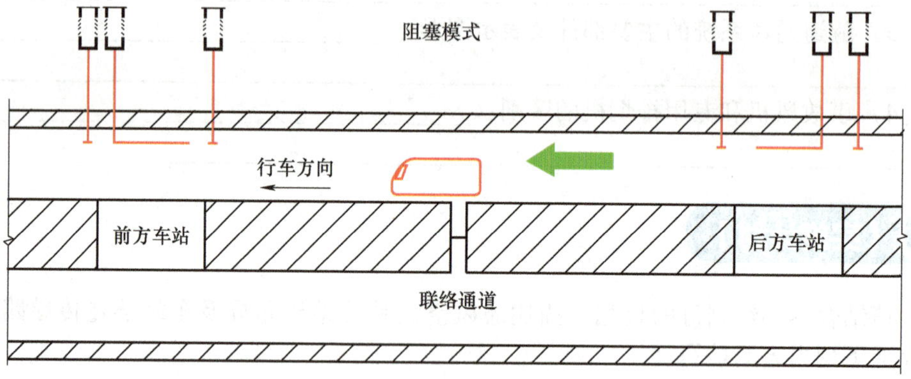

【检查与控制】

观察员根据操作员的工作过程评分，具体评分细则见表 5-1。

表 5-1　对通风空调系统结构布局及车站热量传导路径进行描述考核评分表

操作时间：30min

序号	考核项目	考核内容及要求（评分要点）	配分	评分标准	扣分
1	知识点掌握	信息收集完成情况	10	每错 1 题，扣 5 分	

（续）

序号	考核项目	考核内容及要求（评分要点）	配分	评分标准	扣分
2	通风空调系统结构布局	车站通风系统布局	10	每错误1个要点，扣5分	
		空调水系统布局	10	每错误1个要点，扣5分	
		隧道通风系统布局	10	每错误1个要点，扣5分	
3	空调水系统热量传导路径	冷冻水系统与车站大小系统的热量交换	10	每错误1个要点，扣5分	
		冷冻水系统与冷却水系统的热量交换	10	每错误1个要点，扣5分	
		冷却水系统与车站外热量交换	10	每错误1个要点，扣5分	
4	隧道中列车中部着火疏散	人员疏散路径	10	每错误1个要点，扣5分	
		送排风路径	10	每错误1个要点，扣5分	
		各风机的工作状态	10	每错误1个要点，扣2分	
	总分		100		

观察员： 操作员： 年 月 日

【评价反馈】

课堂笔记

1. 自我评价

我做得好的地方	我还存在这些方面的问题
□注意操作安全	□安全意识不强
□在小组中有任务分工	□在小组中没有任务分工
□按时完成组长分配的任务	□没有按时完成组长分配的任务
□积极主动要求上台展示	□不敢上台进行展示
□工作态度端正	□工作态度不够端正

2. 小组评价

我们组做到了：□全员参与 □分工明确 □工作高效 □完成了工作任务

3. 教师评价

评价内容	评价指标	等级（A/B/C）
综合素养方面	1）态度是否积极，是否主动组织或参与活动 2）与小组同学合作是否良好 3）是否有较强的安全意识 4）是否有严谨认真的工作态度	
知识技能方面	1）查阅资料技能 2）动手操作能力 3）自我总结经验能力 4）分析问题、解决问题能力	

【知识巩固】

课堂笔记

一、选择题

1. 以下哪项不是地铁车站通风系统按结构的分类？(　　)

A. 开式系统　　B. 站台门式系统

C. 隧道通风系统　　D. 闭式系统

2. 以下哪项不是影响蒸发器冷冻水换热效果的影响因素？(　　)

A. 水流速　　B. 流量

C. 表面污垢　　D. 空气温度

3. 以下哪项不是隧道通风系统工作模式？(　　)

A. 正常工作模式　　B. 阻塞模式

C. 火灾模式　　D. 紧急放行模式

二、填空题

1. 车站通风系统分为车站公共区空调通风系统（兼排烟系统），简称________；车站设备管理用房空调通风系统（兼排烟系统），简称________。

2. 隧道通风系统区分为区间隧道活塞风与机械通风系统（兼排烟系统），简称________；车站范围内、站台门外站台下排热和车行道顶部排热系统，简称________。

3. 站厅的送风、回风/排烟风管一般设置在站厅层的顶棚，称为“________”，站台层送风风管设于站台层顶棚，回、排风一般分别设置于顶棚和站台层地板下，称为“________”。

4. 冷水机组工作具体过程：第一步，冷水机组中气态的制冷剂经过压缩机加压后，到冷凝器进行________将热量释放给冷却水，从而变为液态的制冷剂；第二步，液态的制冷剂经膨胀阀减压后到________中吸收冷冻水的热量，从而变为气态的制冷剂。

5. 隧道火灾模式根据列车所在位置不同，可以细分为站台火灾模式和________火灾模式。

6. 车站隧道排风系统只有“________”和“________”两种工作状态，启动时进行排风；区间隧道通风机械通风系统有“________”“________”“________”三种工作状态。

三、判断题

1. 列车在隧道发生火灾时，乘客疏散的方向应该与浓烟排放的方向一样。(　　)

2. 冬天或者外界空气温度较低时，冷水机组没有启动，即车站通风系统的火灾模式。(　　)

任务二 通风空调系统设备维护管理

【任务描述】

城市轨道交通通风空调系统设备的运行情况，不仅直接关系到乘客的乘车环境、工作人员的工作环境和重要设备的运行环境，还直接关系到城市轨道交通运营的安全保障。请组织对空调机组进行日常巡视检查，并对冷水机组进行空调季节性维护。

【学习目标】

目标名称	目标内容
知识目标	能够阐述通风空调系统维护管理组织
	能够说出通风空调设备检修主要工作内容
技能目标	能够对空调机组进行日常巡视检查
	能够对通风空调系统进行维护
	能够对冷水机组进行季节性维护

课堂笔记

【知识准备】

一、维护管理组织

1. 维护检修作业原则

1）先抢修，后维修。对影响运营业务的故障，按“先抢修，后维修”的流程处理，尽量减少系统中断时间，保证运营系统的连续运行。

2）先测试，后维修。在处理故障过程中，严格执行安全操作规程，尽量不中断系统，先测试原因，后维修。

2. 维护检修作业内容

由于地铁通风空调设备种类繁多、覆盖面广且较为分散，需要维修维护的设备较多，还受正常运营时间的限制。为确保运营安全，许多维修维护作业必须在运营结束后进行。因此，安排好维修作业计划、办理一切必要维修作业手续、落实好维修作业内容、保留好维修作业记录是维修管理组织重要工作内容。

3. 维护检修作业分类

维修作业通常分为计划维修（维护）、状态维修（维护）、主动维修、非计划性维修（事后维修）和委外维修 5 种方式。

1）计划维修（维护）：一般按设备使用的周期和季节性等特点，根据预先订好的维修计划作业的维修。

课堂笔记

2）状态维修（维护）：通过检测手段，对设备的运行状态进行检测分析后，根据设备状态来制订的维修。

3）主动维修：应用先进的方式和修复技术来显著地延长机器寿命的维修。

4）非计划性维修（事后维修）。

① 临修：当设备发生故障，但对正常运营安全不构成直接或间接影响时，可在事后进行的维修。

② 抢修：当设备发生故障，危及列车运行或构成严重安全隐患时，必须对设备进行快速修复基本功能的维修。

5）委外维修：由于维修能力、维修条件不具备，或己方维修成本较高，需由外单位承担的维修。

4. 维护检修作业等级分类

（1）一级维护　一级维护（通常指巡检）是每天对设备状态进行认真检查，发现不正常现象及时排除和报告；保持设备清洁，使工作环境符合要求，进行简单的调整或更换易损件等。巡检的目的是使设备处于良好的工作条件。巡检由操作人员按照使用说明或检修规程进行。

（2）二级维护　二级维护是对设备的主要功能及主要部位做定期检查、局部解体、清理或更换标准零配件、加注或更换润滑油等。二级维护的目的是使设备处于良好的工作状态，由维修人员按照维修说明书和检修规程在现场进行。

（3）小修　小修是对曾发生过的故障进行结构性分析诊断，更换或修复少量的零部件或组件，全面调整或调校仪器、仪表等，目的是使设备保持正常的工作状态至下次计划性修理。小修由维修人员在现场或专门维修场所按照维修手册或检修规程进行，需要专用工器具和设备。

（4）中修　中修是指更换和修复设备的主要零部件和易损件，对结构和系统进行全面检查和调整，由专业技术管理人员和维修人员按维修规程进行作业。

（5）大修　大修是指将设备全部解体，更换和修复易损零件，全面检测调整使设备恢复全部功能状态和技术性能，一般由制造厂商来承担。

二、通风空调设备检修主要工作内容

通风空调设备检修主要工作内容见表5-2。

三、组合式空调机组的检修维护

1. 组合式空调机组介绍

组合式空调机组是暖通空调系统的制冷功能部分，是将各种空气处理设备及风机、风量调节阀等制成箱体单元，实现各种空气处理要求。组合式空调机组主要有混合风段、初效过滤段、表冷挡水段和风机送风段等。有的地铁将混合风段独立出来，设置为混风室。

1）混合风段：利用风量调节阀来控制新回风比例，以便于不同时期和模式调节不同结构的风。

2）初效过滤段：过滤输入空气的杂质，保持风的洁净。按照过滤器的结构可分为板式过滤器、袋式过滤器、卷轴式过滤器。

3）表冷挡水段：利用表冷器通过其内部循环的冷冻水起到制冷空气的作用，利用滴水盘将空气中的凝结水收集在一起。

4）风机送风段：其作用为将为处理完毕的适度温度和压强的空气输出，完成整个流程。

表 5-2　通风空调设备检修主要工作内容

检修内容	冷水机组（66 套）	大型表冷器（45 套）	大型轴流风机（90 套）	电动组合风阀（332 套）	组合式空调机组（66 套）	柜式组合机组（29 套）	射流风机（含消声器）（58 套）	冷却塔（66 套）	冷却水泵（66 台）	冷冻水泵（66 台）	风机盘管和管道（若干）	检修周期
清洁设备表面及周围环境	√	√	√	√	√	√	√	√	√	√	√	巡检
	√	√	√	√	√	√	√	√	√	√	√	二级维护
	√	√	√	√	√	√	√	√	√	√	√	小修
设备表面除锈补漆												巡检
	√	√	√	√	√		√	√	√	√	√	二级维护
	√	√	√	√	√	√	√	√	√	√	√	小修
检查设备固定螺栓、设备支架												巡检
	√	√	√	√	√	√	√	√	√	√	√	二级维护
	√	√	√	√	√	√	√	√	√	√	√	小修
检查设备传动带	√											巡检
	√		√					√	√	√		二级维护
	√		√		√			√	√	√		小修
检查设备有无机械损坏												巡检
	√	√	√		√		√	√	√	√		二级维护
	√	√	√	√	√	√	√	√	√	√	√	小修
添加或更换润滑油、制冷剂												巡检
	√	√	√		√	√	√		√	√		二级维护
	√	√	√	√	√	√	√	√	√	√	√	小修
检查与记录设备运行状态	√	√	√	√	√	√	√	√	√	√		巡检
	√	√	√	√	√	√	√	√	√	√	√	二级维护
	√	√	√	√	√	√	√	√	√	√	√	小修

课堂笔记

课堂笔记

（续）

检修内容	冷水机组（66套）	大型表冷器（45套）	大型轴流风机（90套）	电动组合风阀（332套）	组合式空调机组（66套）	柜式组合机组（29套）	射流风机（含消声器）（58套）	冷却塔（66套）	冷却水泵（66台）	冷冻水泵（66台）	风机盘管和管道（若干）	检修周期
检查启动柜、控制箱	√	√	√		√	√	√	√	√	√		巡检
	√	√	√	√	√	√	√	√	√	√		二级维护
	√	√	√	√	√	√	√	√	√	√		小修
检查电动机安全性能												巡检
	√	√	√	√	√			√	√	√		二级维护
	√	√	√	√	√	√	√	√	√	√		小修
检查电动机机械性能												巡检
	√	√	√	√	√			√	√	√		二级维护
	√	√	√	√	√	√	√	√	√	√	√	小修
检查设备各组成部件												巡检
	√	√	√	√	√				√	√		二级维护
	√	√	√	√	√	√	√	√	√	√	√	小修
检查设备各控制元件												巡检
												二级维护
	√	√	√	√	√	√	√	√	√	√	√	小修
检查系统水质												巡检
	√							√				二级维护
	√	√			√			√	√	√		小修

组合式空调机组外观和结构分别如图 5-18 和图 5-19 所示。

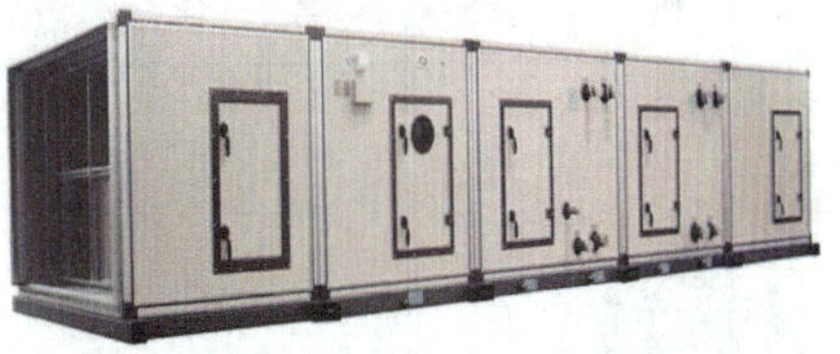

图 5-18 组合式空调机组外观

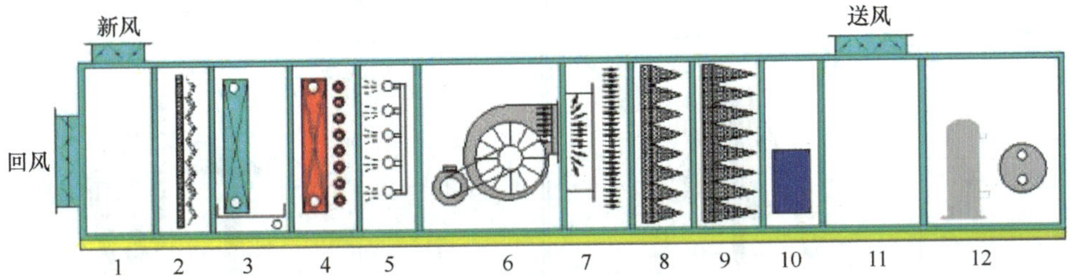

1	2	3	4	5	6	7	8	9	10	11	12
混合段	初效过滤段	表冷除湿段	加热段	加湿段	风机段	均流段	中效过滤段	亚高效过滤段	杀菌段	出风段	主机段

图 5-19 组合式空调机组结构

2. 组合式空调机组检修维护

(1) 常用工具 组合式空调机组检修维护常用工具包括万用表、钳表、绝缘电阻表、油枪、千斤顶、风速仪、动平衡仪、三爪拉马、二爪拉马、紫铜棒、手动葫芦、振动仪等，见表 5-3。

课堂笔记

表 5-3 组合式空调机组检修维护常用工具

名 称	外 观	名 称	外 观
万用表		钳表	
绝缘电阻表	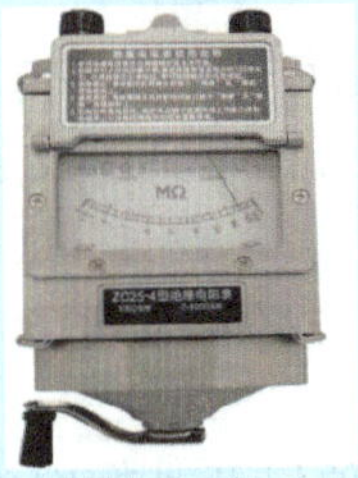	油枪	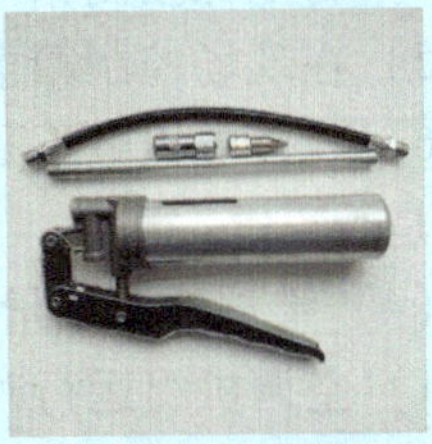
千斤顶		风速仪	

课堂笔记

（续）

名　称	外　观	名　称	外　观
动平衡仪		紫铜棒	
二爪拉马	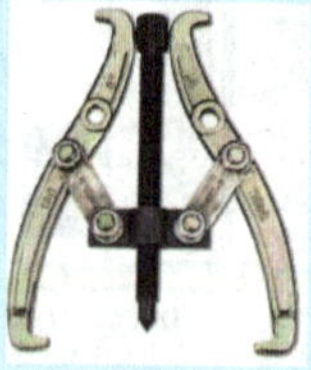	三爪拉马	
振动仪		手动葫芦	

（2）维护检修作业要求

1）维修人员必须具备专业维修经验和相应能力。

2）维修工作开始前必须确认组合式空调机组和变风量空调箱送风机已停止运行，配电柜电源已断开。挂好警示牌，安全无误，方可操作。

3）根据维修工作内容，严格参照相应技术要求进行维修。

（3）维护注意事项

1）确认水管进出水阀门均处于开启状态，进出风风阀处于开启状态，门已关闭并固定牢固，周围环境清洁，无影响运行的障碍物。

2）确认电源箱已正常供电。

3）确认控制箱电源隔离开关处于合闸状态。

4）将电源控制箱对应的电源空气开关合闸。

5）在现场控制箱上，按下启动按钮，确认运行灯是否亮起。

6）检查电机电流是否正常，噪声及振动是否正常，以及进出水压力、进出风风压是否正常。

（4）维护检修质量评定　经过运行实验考核后必须达到：

1）空调机组运行时没有异常声音或振动。

2）风机电机运行电流在规定范围内。电流值以产品标牌为准，电机绝缘线圈对地绝缘电阻大于2MΩ（用500V绝缘电阻表测量）。

3）空调机组运行时各通道门无损坏、漏风，关闭紧密。

4）传动带松紧适宜，无脱落，无损坏现象。

5）空调季节运行期间，表冷器进出水正常，冷凝水出水顺畅，过滤网翅片清洁，送/回风温差不低于2℃。

四、风机的检修维护

1. 风机的介绍

城市轨道交通一般采用专用轴流风机，它是城市轨道交通车站和隧道区间内通风的主要设备，具有大风量、高风压、高效率、可逆转、切换时间短、抗腐蚀性强等特点。

（1）隧道风机　隧道风机为轴流风机，设于车站两端的设备房、区间通风机房内，用于区间隧道和站台隧道通风、防排烟。隧道风机主要由叶片、电机、风机机壳、轮毂、轴、轴承、电机支撑板等组成。隧道风机又分为可逆转耐高温轴流风机（TVF）和单向运转耐高温变频轴流风机。TVF 是城市轨道交通通风系统的关键设备，包括排热风机/隧道风机；单向运转耐高温变频轴流风机包括排热风机、回/排风机。隧道风机外观如图 5-20 所示。

（2）射流风机　射流风机是一种特殊的双向（正反转）轴流通风机，其前后端均自带消声风筒，悬挂在隧道顶部或两侧。运行时，它将隧道一部分空气从风机一端吸入，经叶轮加速后，由风机的另一端高速射出，使隧道内空气向设定方向流动，用于调节区间内某一段的压力、通风量并辅助排烟。射流风机外观如图 5-21 所示。

图 5-20　隧道风机外观

图 5-21　射流风机外观

课堂笔记

（3）推力风机　推力风机（IMF 风机）为双向（正反转）轴流通风机，设于区间机房内，用于加强某一段隧道内通风，根据需要可设置送风方向与隧道轴线不大于 30°的喷嘴装置。推力风机在火灾或阻塞时能加强局部区间隧道通风，能根据系统设计的不同运行模式要求风机正转或反转，通过现场制作的喷嘴将空气高速射入需加强通风的区间隧道，推动隧道内空气向设定方向流动。

2. 风机的检修维护

（1）常用工具　风机的检修维护常用工具包括万用表、钳表、绝缘电阻表、油枪、风速仪、动平衡仪、三爪拉马、二爪拉马、紫铜棒、手动葫芦、振动仪等。

（2）维护检修作业要求

1）维修人员必须具备专业维修经验和相应能力。

2）维修工作开始前必须确认风机已停止运行，配电柜电源已断开，并挂好警示牌。

3）根据维修工作内容，严格参照各厂家专业规范进行维修。

4）做好维修全过程记录。

3. 维护注意事项

1）检查风机的进出风风阀是否处于正确状态。

2）没有接风管的风机或风管有检查孔的风机，要检查风机叶轮与机壳是否发生碰撞，机壳内有无杂物。

3）确认风机电源箱已正常供电。

4）确认风机控制箱电源隔离开关处于合闸状态。

课堂笔记

5）检查风机电机电流是否正常，噪声及振动是否正常，以及进出风风压是否正常。

4. 维护检修质量评定

1）二级质量评定包括第一级维修监督人完成维修工作内容的评定，以及第二级主管部门的质量评定。

2）风机维修工作完成经过运行考核后，必须达到各厂家规定的标准。

3）质量评定若达不到各厂家规定的主要技术标准其中之一，则为不合格，必须返工。

五、风阀的检修维护

1. 风阀的介绍

地铁通风空调工程使用的风阀包括调节阀和防火阀。调节阀又包括单体风阀、组合风阀（图5-22），它是通过电动、手动调节风阀叶片的开启角度和开、闭调节风量；防火阀又包括防火阀（70℃）、防火阀（280℃）、排烟防火阀（图5-23）等，它是通过温度熔断器自动、手动或电动关闭风阀叶片，隔离防火区。由于地铁通风空调工程的特殊性，风阀要求可靠性、耐用性、安全性高。

图5-22 组合风阀外观

图5-23 排烟防火阀外观

2. 风阀的检修维护

（1）常用工具 风阀的检修维护常用工具包括万用表、钳表、绝缘电阻表、油枪、风速仪、紫铜棒、手动葫芦等。

（2）维护检修作业要求

1）维修人员必须具备专业维修经验和相应能力。

2）维修工作开始前必须确认风阀电源已断开，并挂好警示牌。

3）维修高度较高的风阀，必须遵守登高作业规定。

4）维修安装在楼板开孔处的风阀时，严禁维修人员踩在叶片上作业。

5）根据维修工作内容，严格按照相应技术要求进行维修。

（3）维护注意事项

1）检查风阀框架有无变形，与风管连接是否紧密。

2）检查执行器与连杆连接是否紧密。

3）检查操作器与环控电控柜指示是否正常。

4）检查风阀叶片有无松动、变形。

5）确认操作器与电控柜的指示是否正常，执行器与连杆连接有无松脱或打滑。

6）检查风阀实际状态是否与操作器、电控柜上的指示一致。

7）检查与风阀相关的风机、风柜等设备电流是否正常。

8）检查风阀前后风管有无鼓起、凹陷或漏风等异常。

（4）维护检修质量评定

1）二级质量评定包括第一级维修监督人完成维修工作内容的评定，以及第二级主管部门的质量评定。

2）风阀维修完成后，必须达到以下要求：外观整洁；风阀启闭正常；风阀启闭反馈信号到位正常；风阀吊架和支撑牢固。

3）质量评定若达不到验收标准中规定要求，则为不合格，必须返工。

六、冷水机组的检修维护

1. 冷水机组检修维护常用工具

（1）常规工具

1）活扳手、内六角扳手、尖嘴钳、剪钳、平口钳。

2）一字螺钉旋具（长、短、小各一把）和十字螺钉旋具（长、短、小各一把）。

3）小锉刀、电烙铁、美工刀、跨接线4~6根、电工胶布、水胶布等。

4）手电筒、小套筒、梅花扳手各1套。

5）万用表、电流表、绝缘电阻表、相序表各1只。

（2）专用工具

1）高压力表1只、低压力表1只、精密压力表1只、温度表1只、真空表1只、氮气减压表1只。

2）手动铜阀门1只、快速阀门扳手1只、检漏仪1只。

3）手动加油泵、真空泵、带油气分离器的压缩机（制冷剂转移用）、液体泵。

4）扩管器1套、割刀1套、胀管器1套、拔管器1套、便携式氧焊1套、制冷剂钢瓶1个。

5）铜转换接头3个、铜管清洗机1台、橡胶压力管1条、铜刷若干、橡胶塞若干。

（3）拆机工具

1）弹簧钳1套、橡胶手套1套、扭力扳手1套、梅花扳手1套。

2）千分尺1把、游标卡尺1把、螺旋测微仪1把。

3）龙门架1台、吊环1套、手动葫芦1套、千斤顶1套、钢丝绳1套、三角爪1套、吊带。

4）叶轮、轴承工具、螺杆、砂纸、磨砂膏、色笔。

（4）其他工具

1）便携式计算机及打印机，串行通信电缆，RS-485转RS-232接口，串口通信软件。

2）断螺钉取出工具。

3）计算器，制冷剂温度-压力对照表。

4）各种维修操作手册、带轮子的工具箱。

2. 维护检修作业要求

1）维修人员必须具有国家认可的相关等级证书方可操作。

2）根据维修工作内容要求，严格参照各设备厂家维修技术规范进行相应维修。

3）维修电气设备时，必须确保人身安全。

4）维修更换的零部件，必须为该设备厂家认可或可替换使用的零部件。

5）如需动用明火必须严格按照地铁安全规定，办理有关手续。

6）只有获得批准，方可施工。

7）做好维修全过程记录。

3. 维护注意事项

1）检查各供电电压是否在360~400V范围以内。

2）检查各相关设备、阀门等附件是否正常开启，相关设备参数及负荷能否满

课堂笔记

课堂笔记

足冷水机组开启条件。

3）检查冷水机房及控制房温度是否正常。

4）如果室外气温较低，可考虑只开空调机组或回排风机，以利于节能。

5）检查冷却水、冷冻水供水压力及温度是否正常，正常后检查并启动冷水机组。

4. 维护检修质量评定

1）二级质量评定包括第一级维修监督人完成维修工作内容的评定，以及第二级主管部门的评定。

2）维修完成，经过试车、验车考核，二级质量评定后，必须完全符合制造商规定的运行标准。

3）维修完成后，外观必须整洁干净，无灰尘、油迹，场地做到“工完、料尽、物清”。

4）质量评定中上述其中之一不能达到，就判定为不合格，必须返工。

七、冷却塔的检修维护

1. 冷却塔的介绍

冷却塔用水作为循环冷却剂，从系统中吸收热量排放至大气中，以降低水温。其冷却原理是利用水与空气流动接触后进行冷热交换产生蒸汽，通过蒸发散热、对流传热和辐射传热等原理来散去工业上或制冷空调中产生的余热来降低水温，以保证系统的正常运行。因为该装置一般为桶状，故名为冷却塔。冷却塔类型有逆流式冷却塔、横流式冷却塔、射流式冷却塔、蒸发式冷却塔 4 种类型，常用的外形有圆形（图 5-24）和方形（图 5-25）。

图 5-24　圆形冷却塔外观

图 5-25　方形冷却塔外观

2. 冷却塔的检修维护

（1）常用工具　常用工具包括万用表、钳表、绝缘电阻表、油枪、千斤顶、动平衡仪、三爪拉马、二爪拉马、紫铜棒、手动葫芦、振动仪等。

（2）维护检修作业要求

1）维修人员必须具备专业维修工作经验和相应技能。

2）维修工作要确保在登高安全措施落实到位的情况下方可操作；冷却塔风机电机、配电柜电源必须断开，挂好警示牌，否则不得作业。

3）根据冷却塔维修工作要求，参照相应技术标准进行维修。

4）做好维修全过程记录。

（3）维护注意事项

1）确认冷却塔进出水阀门均处于开启状态，周围环境清洁，无影响运行的障碍物。

2）确认冷却塔电源箱已正常供电。

3）确认冷却塔控制箱电源隔离开关处于合闸状态。

4）将冷却塔电源控制箱对应的冷却塔电源空气开关合闸。

5）检查冷却塔电机电流是否正常，噪声及振动是否正常。

（4）维护检修质量评定

1）二级质量评定包括第一级维修监督人完成维修工作内容的评定，以及第二级主管部门的质量评定。

2）冷却塔维修工作完成，经过运行考核后，必须达到各厂家规定标准。

3）布水器布水正确，旋转正常，水量正常，布水器出水口无堵塞。

4）冷却风机转向正确，风机传动带松紧适宜，风机电流在规定范围内，电流值以产品标牌为准，电机绝缘线圈对地绝缘电阻大于2MΩ（用500V绝缘电阻表测量）。

5）补水浮球工作正常，开关自如不漏水，补水量正常。

【信息收集】

一、通风空调系统设备维护与检修作业原则及内容是什么？

____

____

____

二、通风空调系统设备维护与检修作业分类及作业等级分类是什么？

____

____

____

三、以下设备的维护与检修作业要求及注意事项有哪些？

1. 组合式空调机组：

____

____

2. 风机：

____

____

3. 风阀：

____

____

4. 冷水机组：

____

____

____

5. 冷却塔：

____

____

课堂笔记

【制订计划】

请根据描述的现象和任务要求，确定所需的工具和物品，并对小组成员进行合理分工，制订详细的操作计划。

1. 请在下表中选择在操作中可能用到的工具和物品（在对应的选项中打√即可）。

课堂笔记

工具和物品名称	选择	
万用表	□可能	□不可能
绝缘电阻表	□可能	□不可能
钳表	□可能	□不可能
油枪	□可能	□不可能
千斤顶	□可能	□不可能
风速仪	□可能	□不可能
动平衡仪	□可能	□不可能
紫铜棒	□可能	□不可能
二爪拉马	□可能	□不可能
三爪拉马	□可能	□不可能
振动仪	□可能	□不可能
手动葫芦	□可能	□不可能
弹簧钳	□可能	□不可能
千分尺	□可能	□不可能
压力表	□可能	□不可能
铜阀	□可能	□不可能
油泵	□可能	□不可能
吊环	□可能	□不可能

2. 小组成员分工：

序号	组长	观察员	操作员	备注

3. 通风空调设备维护操作计划：

1）空调机组日常巡视与检查。

第 1 步检查噪声：______

第 2 步检查风机电流：______

第 3 步检查漏风：______

第 4 步检查传送带：______

第 5 步检查过滤网：______

第 6 步检查冷凝水：______

第 7 步将异常情况记录：______

2）冷水机组空调季前维护。

第 1 步检查机组外观：______

第 2 步检查控制系统：______

第 3 步检查冷冻机油：______

第 4 步检查冷凝器：______

第 5 步检查水系统：______

第 6 步检查制冷器制冷液：______

第 7 步检查管路、阀门：______

【实施计划】

请结合本小组制订的计划，进行空调机组日常巡视与检查，并对冷水机组进行空调季节性维护，并按下列步骤进行操作。

1. 空调机组日常巡视与检查

1）检查空调机组运行时，有无异常声音或振动。

2）检查空调机组风机电流是否在电机规定范围内，以产品标牌为准。

3）检查空调机组运行时，各通道是否关闭，有无损坏、漏风。

4）检查空调机组内传动带是否松紧适宜，有无脱落、磨损、损坏。

5）检查空调机组过滤网是否清洁。

6）在空调季节时，检查空调机组，表冷器是否清洁，冷凝水是否排出顺畅，机内有无积水，进出水温差与压差是否正常。

7）检查空调机组运行电流有无异常，并在记录表上记录巡视与检查情况数据。

2. 冷水机组空调季前维护

1）机组外观检查。检查机组是否有腐蚀、漏油以及制冷剂泄漏等问题。检查机组外壳及驱动装置，是否有磨损、生锈现象，若有则需要进行局部除锈、补漆。

2）电控系统检查。冷冻机的电控系统在季节性恢复开机时，需要检查电气回路上有关部件是否有松动，接触器吸合、分离动作是否自如，绝缘包裹是否有破损，使用压缩空气除尘剂吹扫积尘，保持电控柜内及各电气部件的清洁干燥，不能有水渍、金属屑、灰尘或其他杂物，必要时使用清洗剂来清扫电路板。

3）冷冻机油检查。冷冻机油呈浅黄色，变质油有炭颗粒，空调季前需对油进行化验或更换，保证油的品质。同时，机油过滤器和干燥过滤器也需进行检查和更换。

4）冷凝器清洗和检查。空调季前需进行冷凝器的清洗，一般采用高压水射流冲刷冷凝器内壁中的泥、藻等，或者使用弱酸化学试剂来清洗机组换热器铜管内的结垢，防止堵塞。同时，冷凝器的冷凝器安全阀、排气压力传感器、供液管路、电动执行器、电子膨胀阀等部件需要进行检查、校验或更换。

5）水系统检查。开启水泵，检验蒸发器及冷凝器的水流量，确保水系统清洁且没有气体夹杂。检查水流开关是否正常，若发现水流开关问题应及时进行检验、调整及更换。

6）制冷剂添加。视需要添加制冷剂，但是需要厂家确认后方可添加。

课堂笔记

【检查与控制】

观察员根据操作员的工作过程评分，具体评分细则见表 5-4。

表 5-4 空调机组日常巡视与检查和冷水机组空调季前维护考核评分表

操作时间：30min

序号	考核项目	考核内容及要求（评分要点）	配分	评分标准	扣分
1	知识点掌握	信息收集完成情况	20	每错 1 题，扣 5 分	
2	空调机组日常巡视与检查	按照【实施计划】给定的七个步骤操作，并记录过程	40	每错 1 个要点，扣 5 分	

课堂笔记

（续）

序号	考核项目	考核内容及要求（评分要点）	配分	评分标准	扣分
3	冷水机组空调季前维护	按照【实施计划】给定的六个步骤操作，并记录过程	40	每错 1 个要点，扣 5 分	
	总分		100		

观察员：　　　　操作员：　　　　年　　月　　日

【评价反馈】

1. 自我评价

我做得好的地方	我还存在这些方面的问题
□注意操作安全	□安全意识不强
□在小组中有任务分工	□在小组中没有任务分工
□按时完成组长分配的任务	□没有按时完成组长分配的任务
□实训过程记录规范	□实训过程记录不规范
□工作态度端正	□工作态度不够端正

2. 小组评价

我们组做到了：□全员参与　□分工明确　□工作高效　□完成了工作任务

3. 教师评价

评价内容	评价指标	等级（A/B/C）
综合素养方面	1）态度是否积极，是否主动组织或参与活动 2）与小组同学合作是否良好 3）是否有较强的安全意识 4）是否有严谨认真的工作态度	
知识技能方面	1）查阅资料技能 2）动手操作能力 3）自我总结经验能力 4）分析问题、解决问题能力	

【知识巩固】

一、选择题

1. 以下哪项不是维护检修作业等级分类？（　　）

A. 一级维护　　B. 二级维护　　C. 三级维护　　D. 大修

2. 以下哪项不是维修与维护作业分类？（　　）

A. 计划维修　　B. 状态维修　　C. 大修　　D. 主动维修

二、填空题

1. 对影响运营业务的故障，按“________”的流程处理，尽量减少系统中断时间，保证运营系统的连续运行。

2. 在处理故障过程中，严格执行安全操作规程，尽量不中断系统，先________，后________。

三、判断题

1. 临修是指当设备发生故障，危及列车运行安全或构成严重安全隐患时，必须对设备进行快速修复基本功能的维修。（　　）

2. 维修与检修质量评定允许一项不达标。（　　）

任务三 通风空调系统常见故障处理

【任务描述】

城市轨道交通通风系统是车站环境质量的重要保障，作为运行管理人员，除了要正确操作、认真维护之外，还要能及时发现和排除一些常见的问题和故障。请列举组合式空调机组、风机、风阀、冷水机组、冷却塔等空调系统设备等通风系统设备常见故障现象及原因分析，并收集常见故障检修案例。

【学习目标】

目标名称	目标内容
知识目标	能够阐述通风空调系统故障及维修原则
	能够说出通风空调系统设备常见故障及环控人员处理原则
技能目标	能够正确填写通风空调系统设备常见故障的表格
	能够分析通风空调系统设备常见故障的产生原因及维修方法
	收集典型的常见故障维修案例

课堂笔记

【知识准备】

一、设备故障分类

城市轨道交通通风空调系统常见故障有很多种，可将其分为四个类别：

1）一般性故障。设备发生一般性故障后，不影响或较少影响环控系统的运行，或受损较小能快速修复。

2）严重性故障。设备发生严重性故障后，物损比较大，需更换或维修时间较长，且对环控系统运营有一定影响。

3）危害性故障。设备发生危害性故障后，物损较大，需更换或维修时间较长。

4）突发事件。突发事件是指车站、区间隧道发生突发火灾等事件。

二、设备故障检修原则

以下设备故障检修的原则仅针对车站环控系统操作人员和设备维修人员，不涉及其他人员。

1. 一般性故障检修原则

环控系统操作人员：对发生故障的设备应进行必要的分析与判断，在能力范围内可解决的故障应及时排除，恢复运行。不能判断或非能力范围内可解决的故障应

课堂笔记

及时汇报调度员和相关部门，并做好故障记录。

维修人员：维修人员在接到命令后，根据发生故障设备的类型、故障现象做好必要的检修准备（工具、人员配备等）；到达现场后，根据故障设备的具体情况，做好进一步检修工作，条件具备时应及时修复设备，恢复运行，并做好检修记录。

2. 严重性故障检修原则

环控系统操作人员：维修发生故障的设备，应及时汇报调度员和相关部门，并做好故障记录。由于该设备的故障可能影响其他设备，或故障可能进一步扩大，应及时汇报调度员和相关部门，并做好有关记录。

维修人员：维修人员接到命令后，带好必要的工具，尽快赶到现场，及时向有关人员通报对故障的测试、诊断及处理过程，做好检查记录；条件具备时能修复的应尽快修复，并做好检修记录，无法修复的应及时汇报。

3. 危害性故障检修原则

环控系统操作人员：设备发生故障后，应立即汇报调度员和相关部门，按调度员命令做好相应的应急处理工作，并做好相应的故障记录。

维修人员：接到命令后，带好必要工具，以最快速度赶到现场进行必要的测试诊断，并立即向有关人员通报测试诊断的情况；条件具备时，应以最快速度修复运营安全所需的最基本功能，原则是“先通后复”，并做好维修记录。

4. 突发事件处理原则

发生站内、区间火灾等突发事件时，环控系统操作人员和设备维修人员应立即按相应突发事件处置规定执行。

三、设备故障检修说明

1. 设备故障检修规定

1）故障处理过程，特别是应急检修过程，不可免除必要的申请要点、消点手续，以及各类安全防护措施。

2）任何人接到命令后，必须及时赶到现场，不得以任何借口逃避或拖延。

3）环控系统操作人员和维修人员，有权在各自职责范围内处理故障，避免事故发生或降低事故破坏程度。

2. 设备故障抢修处理

1）事故抢修坚持“先通后复”的原则，即在保证列车运营安全的前提下，省略部分复杂的修理过程，尽快（暂时）恢复运营。在运营结束后，再对未完全修复的功能或部分进行补修处理。

2）各生产部门轮值工程师是维修部门下设的唯一故障处理指挥中心。维修调度员的任何抢修指令，均须由轮值工程师第一时间派人处理。

3）维修调度员保留越过轮值工程师直接调派抢修队伍的权力。

3. 设备故障补修处理

1）在抢修过程中不能及时修复的，由部门轮值工程师提出，经维修调度员确认后，允许在规定的时间内进行补修。

2）补修作业根据维修调度员的协调安排，能够纳入下月维修作业计划的必须纳入；不能纳入的，由生产技术室按临时作业的规定进行操作。

3）计划性补修作业程序同计划性维修作业程序，不得简化任何步骤。

4. 设备故障维修后的恢复

1）故障处理完毕后，必须对设备的运行状况进行检查，确认运行质量及性能指标等都符合要求，无异常出现，才算维修完毕。

2）处理完毕后，要对现场进行清理、恢复，保证通风设备就地、环控和车控功能正常实现。

3）办理故障维修的消点手续，并做好故障处理记录。

4）现场作业人员无法处理的故障，应通知专业工程师到现场进行处理。对短时间无法处理的故障应报维修调度员，并做好现场设备的保护措施，尽快安排维修。

四、常见一般性设备故障的处理

1. 运行操作人员的处理

1）当运行设备有异常的噪声或振动，但运行电流变化不大时，必须加强监测，并做好记录。当异常情况有频繁出现的趋势时，应停止该设备的运行，调节好系统相关设备后，及时汇报调度员，并做好记录。

2）当运行设备有明显异常摩擦、振动声，且运行电流变化大时，应及时停止该设备的运行，调节好系统关联设备后，及时汇报调度员，并做好记录。

3）当运行设备有明显的异味、焦味或冒烟时，应立即停止该设备的运行，并认真仔细地检查；若有明火趋势，应立即采取相应降温灭火措施，防止事态扩大，同时调节好系统关联设备后，及时汇报调度员，并做好记录。

4）对运行数据超过规定范围的设备，应立即停止运行，调节好系统相关设备后，应及时汇报调度员，并做好记录；对因保护装置动作而停止运行的设备，在原因没有查明、故障没有排除前，不得再次启动该设备。

2. 维修人员的处理

通风空调系统常见故障原因及检修方法见表 5-5。

课堂笔记

表 5-5 通风空调系统常见故障原因及检修方法

故障现象	产生原因	检修方法
轴承箱振动剧烈	1）机壳或进风口与叶轮摩擦	1）调整叶轮与机壳或进风口的间隙
	2）基础刚度不够或不牢固	2）增强基础刚度或使连接牢固
	3）叶轮铆钉松动或轮盘变形	3）重新铆接或对轮盘整形
	4）叶轮轴盘与轴松动	4）查明松动原因，视情况更换键、轴或轴盘
	5）机壳与支架、轴承箱与支架、轴承箱盖与座等连接螺栓松动	5）拧紧松动螺栓
	6）风机进出气管道安装不良	6）按照规范对管道的安装进行调整
	7）转子不平衡	7）修正转子使其达到动/静平衡要求
	8）风机带轮与电动机带轮不在同一中心线上	8）调整电动机位置，使风机带轮与电机带轮在同一平行中心线和径向平面上
轴承温升过高	1）轴承箱振动剧烈	1）查明轴承箱振动的原因，并消除振动
	2）润滑脂质量不良、变质或填充过多，含有灰尘、黏砂、污垢等杂质	2）清除不良润滑脂或除去多余润滑脂，清除杂质并重新加润滑脂，确保轴承箱内有适量的优质润滑脂
	3）轴承箱盖座连接螺栓拧紧力矩过大或过小	3）调整连接螺栓拧紧力矩，使之达到松紧合适的程度
	4）轴与滚动轴承安装歪斜，前后两轴承不同心	4）重新安装，确保前后两轴承同心
	5）滚动轴承损坏	5）更换新轴承

课堂笔记

（续）

故障现象	产生原因	检修方法
电动机电流过大、温升过高	1）流量超过规定值或管道漏风	1）调节流量在规定范围内或消除管道漏风
	2）电动机输入电压过低或电源单相断电	2）确保电压稳定或消除电气故障
	3）受轴承箱振动剧烈的影响	3）查明轴承箱振动原因并消除轴承箱的振动
	4）受并联风机工作情况恶化或发生故障的影响	4）查明原因并消除对本风机的影响
传动带滑下	两传动带位置彼此不在同一中心线上，使传动带从小带轮上滑下	调整带轮的相对位置，使两带轮在同一中心线上
传动带跳动	两带轮距离较近或传动带过长	调整两带轮之间的距离到合理值，并使传动带的松紧度以压下到一个传动带的厚度为合适
空调柜风机积水	1）排水口堵塞	1）清理排水口杂物并控制好封水位
	2）接水盘漏水	2）修补或更换接水盘
	3）风机段负压过大	3）清洗尘网过滤袋或表冷器，调节风柜的进出风阀情况，保证风速，加防漂水盘盖等

风机常见故障及检修方法见表5-6。

表5-6 风机常见故障及检修方法

故障现象	产生原因	检修方法
叶片损坏或变形	1）叶片表面或铆钉头腐蚀磨损	1）若为个别损坏，可个别更换零件，若损坏过半，应更换叶轮
	2）铆钉或叶片松动	2）可用小冲子紧固，若无效可更换铆钉
	3）叶片变形后歪斜过大，使叶轮径向圆跳动或轴向圆跳动过大	3）卸下叶轮后用铁锤校正，或将叶轮放平，压轴盘某侧边缘
密封圈磨损或损坏	1）密封圈与轴套不同心，在正常运转中磨损	先消除外部影响因素，然后更换密封圈，重新调整或校正密封圈的位置
	2）机壳变形，使密封圈儿一侧磨损	
	3）振动过大，其径向振幅的一半大于密封径向间隙	
传动带滑下或跳动	1）两带轮位置没有找正，彼此不在一条线上	1）重新调整带轮
	2）两带轮距离较近而传动带又过长	2）调整传动带的松紧度，可调整带轮间距或更换传动带
	3）传动带破损或粘有杂物，带轮圆度不够	3）更换或清除杂物更换带轮
轴承安装不良或损坏	1）轴承与轴的位置不正，使轴承磨损或损坏	1）重新校正或更换轴承
	2）轴承与轴承箱孔之间的过盈太小或有间隙松动，或轴承箱螺栓过紧或过松，使轴承或轴的间隙过小或过大	2）调整轴承与轴承箱孔间的垫片，轴承箱盖与座之间的垫片
	3）滚动轴承损坏，轴承保护架与其他机件碰撞	3）修理或更换轴承
	4）壳内密封间隙增大，使叶轮轴间推力增大	4）修复或更换密封件
	5）润滑性能差	5）添加或更换润滑脂

（续）

故障现象	产生原因	检修方法
风机振动过大	1）风机安装底螺栓未拧紧，基础刚度不牢固	1）拧紧底脚螺栓加固基础
	2）风机外壳与输气管连接螺栓没有拧紧	2）拧紧风机外壳与输气管连接螺栓
	3）轴承磨损、松动	3）更换轴承，定期加入适量润滑脂
电动机温升过高	1）由于风机固定螺栓松动导致风机振动引起的电机发热	1）拧紧风机固定螺栓
	2）电动机润滑油质量不良、变质，或填充过多，或含有灰尘、黏砂、污垢等杂质，影响轴承从而引起的电动机发热	2）按规定定期更换润滑油
	3）风机阻力过大或三相电流不平衡或电压过低引起电动机发热	3）检查三相电流电压
轴温报警	1）轴承损坏，轴温升高	1）更换轴承
	2）轴温传感器故障	2）更换轴温传感器
噪声大	1）管道、风机入口阀或出口阀安装松动；风机支座安装螺钉、拖动电动机安装螺钉松动	1）紧固各个安装螺钉
	2）风机传动带过松而发生传动带与带罩及传动带之间的震颤、抖动	2）调整传动带的松紧度

风阀典型故障与检修方法见表5-7。

表5-7 风阀典型故障与检修方法

故障现象	产生原因	检修方法
风阀不能关闭或打开	1）电气控制信号不到位	1）查明电气控制程序故障，排除故障
	2）接线影响故障	2）查明原因，修复或更换
	3）风阀连杆脱落或者断落	3）重新连接好连杆或断裂连杆
	4）阀体受外力变形	4）消除外力，整修阀体或调换
	5）阀片轴与孔锈蚀	5）修磨轴、孔或更换限位
风阀开关不到位	1）执行机构限位故障	1）调整限位或更换限位
	2）阀体受外力变形	2）消除外力，整修阀体
	3）阀片轴与孔锈蚀	3）修磨调整
	4）阀片损坏	4）更换阀片
	5）阀片轴与孔不同心	5）调整同心度

电动风阀执行器故障与排除见表5-8。

表5-8 电动风阀执行器故障与排除

故障现象	产生原因	检修方法
不动作	1）供电或电压不正常	1）检查电源电压是否与铭牌相符
	2）熔丝熔断	2）检查熔丝，必要时更换
	3）电动机热保护触发	3）检查电动机是否过热，待电动机冷却

课堂笔记

课堂笔记

（续）

故障现象	产生原因	检修方法
运行中电动机停止	1）电源短路	1）检查接线
	2）管路中有异物堵塞	2）拆下阀门检查并清洗
无法全开或全关	行程凸轮的固定螺钉已松	用内六角扳手紧固螺钉
执行器不能停止在预定位置，有振荡现象	灵敏度设定有误	调整灵敏度开关
电动机过热	1）电压不正常	1）用万用表检测
	2）动作频率过高	2）适当限制工作频率
	3）电动机转动轴卡住，或阀门太紧难以打开	3）检查更换被卡阀门或其他部件
电动机开关失控	“开”和“关”同时接线	检查开关是否正常

冷水机组常见故障及检修方法见表5-9。

表5-9　冷水机组常见故障及检修方法

故障现象	产生原因	检修方法
机组无法启动	1）主电路失电	1）检查供电系统（欠电压、三相不平衡、相序、缺相、漏电、过载、短路）或主电路断路器状态
	2）控制电路失电	2）检查控制电路变压器供电电压或熔断器
	3）油温不够	3）检查油温及油加热器状态
	4）水流开关触点不闭合	4）起动水泵，检查水流开关
	5）故障停机后没有复位	5）报警原因排除故障后复位开机
	6）用户控制点未合上	6）合上用户控制点
	7）机组不需制冷	7）检查蒸发器出水温度是否在死区范围内
	8）时间表到时	8）检查控制点时间表是否到停用时间
	9）油位低	9）检查实际油位及油位开关状态
	10）电动机温度过高	10）检查电动机冷却电磁阀是否损坏导致制冷剂充注量不足；检查电动机温度传感器电路板是否损坏
	11）工参设置错误	11）重新设置正确的参数
油温过高	1）电动机线圈故障	1）检查电动机线圈
	2）电动机冷却不够	2）检查回油或二次补气
	3）油质差	3）更换润滑油
吸气压力低	1）蒸发器制冷剂供液量不足	1）加大制冷剂供液量
	2）蒸发器水流量不足	2）检查容器压降，检查供水系统
	3）制冷剂不足	3）对机组检漏，加制冷剂测过冷度，调整供液量
	4）管路结垢	4）在满负荷时，测量蒸发器传热温差值，若大于规定值，则要清洁管束
	5）干燥过滤器堵塞	5）更换干燥过滤器
	6）电子元件故障	6）检查蒸发压力变送器，电子膨胀阀状态
	7）蒸发器水温过低	7）检查冷冻水循环系统状态
排气压力过高	冷凝器水流量不足	检查水系统（水泵、管道过滤器等），加大供水量

（续）

故障现象	产生原因	检修方法
压缩机不能关机	1）耦合故障	1）检查机组停机或数字量输出
	2）信号时间故障	2）检查信号时间
	3）减载机构故障	3）检查滑阀控制油路及电磁阀状态
	4）接触器粘连	4）检查接触器

冷却塔常见故障及检修方法见表5-10。

表5-10　冷却塔常见故障及检修方法

故障现象	产生原因	检修方法
异常噪声及振动	1）风机平衡性差	1）校正平衡
	2）叶片末端与塔体接触	2）调整叶片末端与塔体间隙
	3）锁紧螺钉松动	3）拧紧松动的螺钉
	4）电动机轴承运行不好	4）加润滑脂或更换轴承
	5）管道振动	5）安装管道支撑架
	6）叶片安装不正确，不在同一平面或角度	6）重新安装叶片
	7）主轴同心度差或磨损严重	7）调整主轴同心度或更换主轴
出水温度过高	1）循环水量过大	1）调整至合适水量
	2）风机风量不够	2）参照风量不够的解决方法
	3）被排出热空气再循环	3）改善通风环境
	4）吸入空气少	4）改善通风环境
	5）填料部分堵塞造成偏流	5）清理堵塞物
循环水减少	1）底盆水位降低	1）检查调整自动补水、快速补水系统
	2）滤网堵塞	2）清扫过滤网
	3）水泵水量不足	3）修理或更换水泵
	4）补水量过小	4）增大补水量
	5）系统有泄露	5）消除泄露
漂水现象	1）循环水量过大	1）调节阀门至合适水量
	2）风量过大	2）调整风机叶片角度，减少风量
	3）布水装置转速过快	3）调至合适转速
	4）填料堵塞或破损	4）清理或修复填料
风量不够	1）填料堵塞，进风不畅	1）按规定冲洗填料、清洗堵塞物
	2）风机叶片损坏	2）修复或更换风机叶片
	3）风机叶片角度不合适	3）调至合适转速
	4）风扇传动带打滑	4）调整风扇传动带紧张力
联轴器损坏	1）底盖漏油	1）更换油封
	2）支重轴承损坏	2）更换支重轴承油封
	3）转动轴承损坏	3）更换转动轴承油封

【信息收集】

一、通风空调系统设备故障有哪些？

____

课堂笔记

课堂笔记

二、针对各种故障环控人员和维修人员的检修原则是什么？

三、运行操作人员对常见一般性设备故障的处理流程是什么？

四、以下设备的常见故障有哪些？

1. 组合式空调机组常见故障：

2. 风机常见故障：

3. 风阀常见故障：

4. 冷水机组常见故障：

5. 冷却塔常见故障：

【制订计划】

请根据描述的现象和任务要求，确定所需的工具和物品，并对小组成员进行合理分工，制订详细的操作计划。

1. 请在下表中选择在操作中可能用到的工具和物品（在对应的选项中打√即可）。

工具和物品名称	选择	
万用表	□可能	□不可能
绝缘电阻表	□可能	□不可能
钳表	□可能	□不可能
油枪	□可能	□不可能
千斤顶	□可能	□不可能
风速仪	□可能	□不可能
动平衡仪	□可能	□不可能
紫铜棒	□可能	□不可能
二爪拉马	□可能	□不可能
三爪拉马	□可能	□不可能

（续）

工具和物品名称	选择	
振动仪	□可能	□不可能
手动葫芦	□可能	□不可能
弹簧钳	□可能	□不可能
千分尺	□可能	□不可能
压力表	□可能	□不可能
铜阀	□可能	□不可能
油泵	□可能	□不可能
吊环	□可能	□不可能
OFFICE 或 WPS 软件	□可能	□不可能

2. 小组成员分工：

序号	组长	观察员	操作员	备注

3. 通风空调设备常见故障处理操作计划：

（1）空调系统设备等通风系统设备常见的故障现象及原因分析。

1）组合式空调机组常见故障现象及产生原因：______________________________

____

____

2）风机常见故障现象及产生原因：______________________________

____

____

3）风阀常见故障现象及产生原因：______________________________

____

____

4）冷水机组常见故障现象及产生原因：______________________________

____

____

5）冷却塔常见故障现象及产生原因：______________________________

____

____

（2）常见故障检修案例呈现。

1）通过互联网收集 2~3 个空调系统常见故障检修案例：______________________________

____

2）选取 1 个案例进行分解，至少包括背景介绍、故障情况、故障排查及检修、总结反思等板块：______________________________

____

3）制作 PPT 进行展示：______________________________

____

课堂笔记

【实施计划】

课堂笔记

请结合本小组制订的计划，列举组合式空调机组、风机、风阀、冷水机组、冷却塔等空调系统设备等通风系统设备常见的故障现象及原因分析，并收集常见故障检修案例，同时完成下列内容的填写。

1. 故障处理

1）设备故障一般分为：____

____

2）故障处理的注意事项：____

____

____

3）填写下列表格：

组合式空调机组故障分析及检修

故障现象	产生原因	检修方法
轴承箱振动剧烈		
轴承温升过高		
电动机电流过大和温升过高		
传动带滑下		
传动带跳动		
空调柜风机积水		

风机故障分析及检修

故障现象	产生原因	检修方法
叶片损坏或变形		
密封圈磨损或损坏		
传动带滑下或跳动		
轴承安装不良或损坏		
风机振动过大		
电动机温升过高		
轴温报警		
噪声大		

风阀故障分析及检修

故障现象	产生原因	检修方法
风阀不能关闭或打开		
风阀开关不到位		

冷水机组故障分析及检修

故障现象	产生原因	检修方法
机组无法启动		
油温过高		
吸气压力低		
排气压力过高		
压缩机不能关机		

冷却塔常见故障及检修

故障现象	产生原因	检修方法
异常噪声及振动		
出水温度过高		
循环水减少		
漂水现象		
风量不够		
联轴器损坏		

2. 案例收集

1）用 PPT 阐述案例：____

____

____

2）案例处理典型之处：____

____

【检查与控制】

观察员根据操作员的工作过程评分，具体评分细则见表 5-11。

表 5-11　通风系统设备常见故障现象及原因分析和常见故障检修案例收集考核评分表

操作时间：30min

序号	考核项目	考核内容及要求（评分要点）	配分	评分标准	扣分
1	知识点掌握	信息收集完成情况	20	每错 1 题，扣 5 分	
2	故障处理	组合式空调机组故障分析及检修	10	错误 1 个要点，扣 5 分	
		风机故障分析及检修	10	错误 1 个要点，扣 5 分	
		风阀故障分析及检修	10	错误 1 个要点，扣 5 分	
		冷水机组故障分析及检修	10	错误 1 个要点，扣 5 分	
		冷却塔常见故障及检修	10	错误 1 个要点，扣 5 分	
3	案例收集	案例呈现	20	优秀：20 分 良好：16 分 合格：12 分 不合格：8 分	
		案例具有典型性	10	优秀：10 分 良好：8 分 合格：6 分 不合格：4 分	
总分			100		

观察员：　　　　　　　　　　操作员：　　　　　　　　　　年　　月　　日

课堂笔记

课堂笔记

【评价反馈】

1. 自我评价

我做得好的地方	我还存在这些方面的问题
□注意操作安全	□安全意识不强
□在小组中有任务分工	□在小组中没有任务分工
□按时完成组长分配的任务	□没有按时完成组长分配的任务
□积极主动要求上台展示	□不敢上台进行展示
□工作态度端正	□工作态度不够端正

2. 小组评价

我们组做到了：□全员参与　□分工明确　□工作高效　□完成了工作任务

3. 教师评价

评 价 内 容	评 价 指 标	等级（A/B/C）
综合素养方面	1）态度是否积极，是否主动组织或参与活动 2）与小组同学合作是否良好 3）是否有较强的安全意识 4）是否有严谨认真的工作态度	
知识技能方面	1）查阅资料技能 2）动手操作能力 3）自我总结经验能力 4）分析问题、解决问题能力	

【知识巩固】

一、选择题

以下哪项不是通风空调系统设备故障的分类？（　　）

A. 一般性故障　　B. 严重性故障

C. 危害性故障　　D. 突发性故障

二、填空题

1. 危害性故障检修原则：维修人员接到命令后，带好必要工具，以最快速度赶到现场进行必要的________。条件具备时，应以最快速度修复运营安全所需的最基本功能，原则是“________”，并做好维修记录。

2. 当运行设备有明显异常摩擦、振动声，且________时，应及时停止该设备的运行，调节好系统关联设备后，及时汇报调度员，并做好记录。

三、判断题

1. 当运行设备有异常的噪声或振动，但运行电流变化不大时，根据情况可以继续运行设备。（　　）

2. 叶片损坏或者变形是风机的常见故障。（　　）

延 伸 阅 读

现实生活中，我们在做每一件事情时，是不是负有使命感，其产生的效果是完全不一样的。有三个工匠在一起盖房子，行人路过，分别问他们在干什么。第一个工匠一脸茫然地说："工头安排我来砌砖呢。"第二个工匠很兴奋地说："我在盖可以住很多很多人的大房子。"第三个工匠非常自豪地说："我要让这座城市变得更美丽。这是我这辈子一定要做的事情！"

十年以后。第一个工匠还是一名普通的工匠，在埋头砌砖。第二个工匠成了工程师，在工地上指挥大家建房子。第三个工匠当上了这座城市的设计师，在他的规划下，这座城市正变得越来越漂亮。

【学而思】

1. 你在上面这个故事中获得了什么启发？

2. 结合本项目的学习，谈谈在维修工作中如何做到敬业乐业？

课堂笔记

参考文献

［1］俞艳. 电工基础［M］. 3 版. 北京：人民邮电出版社，2017.
［2］聂广林. 电工技能与实训［M］. 重庆：重庆大学出版社，2007.
［3］俞军燕. 机电设备检修工：电梯检修［M］. 北京：中国劳动社会保障出版社，2010.
［4］仇海兵. 城市轨道交通车站设备［M］. 3 版. 北京：人民交通出版社股份有限公司，2021.
［5］徐胜南，李桃. 城市轨道交通环控系统维护与检修［M］. 北京：人民交通出版社股份有限公司，2020.